「婚活の壁」に効く秘密のアドバイス

# ワガママな女におなりなさい

# Live from Your Authentic Self


結婚相談所マリーミー代表
仲人・婚活アドバイザー
**植草美幸**
Miyuki Uekusa



KODANSHA

はじめに

# 婚活がうまくいく人、いかない人。その決定的な違い

私の仕事は婚活アドバイザー。2009年、東京・表参道で結婚相談所「マリーミー」を設立して以来、「結婚したい」という人たちの婚活をサポートしてきました。近年では会員さん以外にも「悩みを聞いてほしい」という方々が多く、ラジオやYouTubeチャンネル、ウェブメディアでも、恋愛や婚活にまつわるお悩み相談を受けています。その数、現在では年間2000件以上。これまで、悩める男女のカウンセリングを2万件以上行ってきたことになります。

残念ながら、結婚相談所に入会すれば誰でも即結婚が決まる、というものではなく、業界の平均成婚率は15%と言われています。一方でマリーミーの「植草美幸コース」会員さんの年間成婚率は80%。これは業界異例の成果ともいえるでしょう。なぜこの結果を出せるのか、まずはそのお話をしたいと思います。

マリーミーの会員さんには、就活代わりに入会する20代の女性も、恋愛経験豊富な30〜40代女性も、まったくの恋愛未経験者も、バツ1バツ2の女性もいらっしゃって、そのプロフィールはじつに多岐にわたります。当然、みなさんの悩みも千差万別です。共通しているのは一点「理想の相手と出会って結婚したい」。それがセルフでは叶わないため、マリーミーを頼っていらっしゃるわけです。

そんな彼女たちに寄り添ってきたこれまでの観察と分析から断言できることが、1つあります。婚活がうまくいく人、いかない人の決定的な違い、それは「行動できるかどうか」というシンプルな事実です。

なぜなら、前向きに婚活をスタートさせたとしても、女性たちの前には、「婚活の壁」がいくつも立ちはだかっているからです。

みなさんの婚活を阻む壁。それは大きく分けて次の5つです。

**①出会いがない。**

**②男心がつかめない。**

**③理想の相手が見つからない。**

**④好きな人は私を選んでくれない。**
**⑤どんな相手と結婚したら幸せになれるのかわからない。**

これらの壁を乗り越えるのを難しくしているのは、男性のせいばかりとは限りません。じつは、壁を引き寄せているのは女性自身であること、その壁も、彼女たちの大きな勘違いから生まれていることが多いのです。そこで私のカウンセリングはどうしても、厳しく辛口になることが多くなります。私のカウンセリングが「結婚したいけれど結婚できない」彼女たちの勘違いを、分析してきちんと指摘するスタイルだからです。

私が発する問題の本質をえぐり出すようなカウンセリングを聞き流したり、無視したりせず受け入れて、行動に移せた会員さんほど、早期成婚を決めているのは事実です。勘違いへの指摘も受け入れて、ときに聞くのが辛くなる言葉も素直に受け止めて、前向きなアクションを取れた人から結婚に近づくのです。私が「辛口アドバイザー」として叱咤《しった》するのも、彼女たちが間違った婚活で遠回りすることなく、幸せになってほしいゆえです。

「婚活の壁」を乗り越えてもらうために、私が日々、会員さんたちにしているアドバイスを本書で披露したいと思います。私が実際の婚活カウンセリングで活用している言葉ゆえに、激辛アドバイスになっているかもしれません。ですが、このアドバイスを聞いて、自らの勘違いに気づき、行動を変えられた方から幸せをつかんでいるのは間違いありません。

問題の本質は人それぞれです。本書では、婚活の壁を乗り越えられた成功例、あるいは乗り越えられなかった失敗例の数々をご紹介します。セルフで婚活に励んでいるものの、恋愛がなかなか結婚につながらない、そもそも相手が見つからない、という方々のためのヒントが、随所に隠れているはずです。

私のアドバイスが、あなたの行動を変えて、幸せな人生を歩むための手助けとなりますように。

2023年春　植草美幸

＊本書の登場人物は全員仮名であり、プライバシー保護の観点から、実例に多少のアレンジを加えていることをお断りしておきます。

# CONTENTS

## CHAPTER 03 「理想の相手が見つからない」の壁

# 婚活用語の基礎知識

結婚相談所での婚活に使われる用語です。セルフ婚活のための必須ワードというわけではありませんが、本書で多く使われるため、前知識として頭に入れておいていただくことをおすすめします。

## 【結婚相談所】

マリーミーを含めて全国3000社ほどの結婚相談所が加盟するのが、日本結婚相談所連盟(IBJ)と日本ブライダル連盟(BIU)という団体。それぞれの連盟のなかでは会員のデータを共有しているため、どちらかの連盟に所属する結婚相談所に入会すると、その連盟全体の会員のデータベースにアクセスし、そこからマッチングするお相手を選ぶことができる。マリーミーの場合は両方の連盟に所属しており、男女トータルで約12万人のデータベースにアクセスできるため、男女半々とするなら、男性だけで６万人の候補から選べることになる。

## 【婚活アドバイザー】

昔で言う「仲人さん」。カウンセリングのうえ、会員のトータルプロデュースをし、必要に応じてお見合い・デートでの振る舞いから作法までを指導する。お見合い・交際・結婚を申し込む／断る、も婚活アドバイザーを通して行われる。

## 【お見合い】

データベースから希望のお相手を見つけて、相談所を通して申し込み、お相手もOKとなったらいよいよお見合い。ホテルのラウンジなどで２人だけで会うパターンや、相談所でのお見合いとなるパターンもあり、だいたい１時間ほど。

## 【仮交際】

お見合いをして、お互いにまた会いたい、となったら進むステップ。２人で自由にデートを重ねて、相手のことを知っていく段階。ただし肉体関係はNG。この段階はまだ他の人にお見合いを申し込むことも、並行して複数の人との仮交際も可能。

## 【真剣交際】

「この人と結婚したい」という気持ちが固まったらアドバイザーに伝えて、相手もOKであれば、他の人との交際はお断りし、相手を1人に絞った交際に移る。ただし引き続き肉体関係はNG。この段階まで進めたら成婚するカップルは60〜70%。

## 【成婚】

結婚する決意がお互いに固まったら、双方の親にご挨拶に行き問題なければプロポーズ。ここまで辿り着いたら晴れて相談所は卒業(退会)となる。

CHAPTER

# 01

# 「出会いがない」の壁

「婚活の壁」を越えられない勘違い

NG

# 「どうせ私、美人じゃないから」

UEKUSA ADVICE
植草アドバイス
01

美人かどうかは大事じゃないの。出会いのチャンスをつぶしているのはあなたの表情よ。

# 本物の美人は芸能界にしかいません

「容姿に自信がなくて」

「可愛くないから」

「美人じゃないから」

見た目を言い訳にしている方、多いですね。でも、私に言わせれば「本当の美人」がいるのは芸能界だけ。それ以外の一般人の容姿は、たいした差などないんです。これは本当です。でもモテる人とそうでない人の差は厳然としてあります。では、どこで差がつくのでしょうか？


私の娘の話をしましょう。彼女は大学生のとき、書店でアルバイトをしていたのですが、そこで頻繁《ひんぱん》に男性客に声をかけられていました。本を陳列したり、モップを持って掃除をしたりしているときに、「僕、K大学の病院で働いている外科医です」なんて言って、何枚も名刺を渡されていたそうです。

母親の私が言うのもなんですが、娘はけっして万人ウケする美人タイプではありません。アルバイトのときの装いも、髪は二つ結びで白い長袖のブラウスに紺のロングスカート。地味で真面目なスタイルでした。恋愛にも婚活にも向かないファッションです。

それでも男性に盛んに声をかけられたのはなぜでしょうか。それは、彼女がつねに笑顔を忘れなかったからだと思います。なぜなら娘には、小さい頃から「いつもスマイルを忘れないで。〝笑う門には福来る《きた》〟よ」とことあるごとに言い聞かせて育てたからです。

笑顔には、人を引きつける力があります。笑顔の人を見ると、自然と気持ちが明るくなりますよね。不機嫌そうな販売員からモノを買おうと思う人はいないでしょうし、ブスッと不機嫌そうな顔をしている女性に、声をかけようと思う男性もいません。

まず鏡を見てみます。そこには笑顔のあなたがいますか？　「つまんないなあ」という考えがブスッとした表情となって、そのまま顔に貼りついていませんか？　表情に愛想がまったく感じられないとしたら、あなたは自分で出会いのチャンスをつぶしているのです。

急場しのぎで作った笑顔は見透かされます。日頃からスマイルを絶やさずにいるからこそ、それがその人自身の醸《かも》し出す雰囲気となり、人を引きつける存在感となります。

「楽しいことも、面白いこともないのに、笑顔になんてなれない！」などと言わないでください。楽しいこと、面白いことがあるから、笑顔になるのではありません。笑顔は一種のスキルです。婚活においてはもちろん、楽しく幸せな人生を送るためのスキルなのですから、身につけない手はありません。

スキルといっても、何も難しいものではありません。私は、婚活女子には「1日最低3回鏡を見ましょう」とアドバイスしています。鏡といっても、メイク直しのときに使うような小さい鏡ではダメ。姿勢や装いのチェックも同時にできるように、全身が映る姿見を用意してください。そこで口角を上げて笑顔を作る練習をしてみましょう。口角は、白い歯が見えるくらいまで上げます。

これが意外と難しいもの。日頃笑顔が少なくて、無表情がデフォルトになってしまっている人は、口のまわりの筋肉の血行が悪くなり、硬くなっている場合もあります。「うまく笑えない！」という人は、口のまわりの筋肉を両手で優しくマッサージします。筋肉の動きがよくなるようにゆるめてみましょう。

練習をしているうちに、自然にスマイルが身につくようになります。初めはぎこちなくても、練習を重ねているうちに、ナチュラルな笑顔が作れるようになります。それとともに幸せな雰囲気が醸し出されて、自然に人を引きつけるオーラが生まれてくるはずです。

「婚活の壁」を越えられない勘違い

NG

## 「ドラマみたいな出会いがどこかにあるはず」

UEKUSA ADVICE
植草アドバイス

### 02

ドラマは
待っていても起きないわ。
自分で脚本を書いて
自分で主人公になるの。

# 自分が主人公のドラマは自分で脚本を書きなさい

「どうして現実にはドラマみたいな出会いがないんだろう?」

そんなため息をついていませんか? それに対する回答は「ドラマみたいな出会いはあります。ただし、そのドラマは自分で作るのよ!」です。

私自身の話をしますね。20代の頃、私の髪は腰までの長さがありました。通勤時に満員の東京・山手線に乗っていると、長すぎる髪の毛が、知らない間に男性のワイシャツのボタンにからんでしまっていることがありました。

ターミナル駅に電車が到着し、男性が降りようとすると、ボタンに髪の毛がからまっているため、私も一緒に持っていかれそうになります。そういうときは毎回慌てて私も一緒に電車を降りる羽目に。そして、ボタンにからんだ髪の毛を必死になって外しました。

相手が好みのタイプだったら、「お急ぎなのに大変申し訳ありませんでした。お礼をしたいので、お名刺をください」と連絡先をゲットし、あとでデートしたこともあります。

それに味を占めて、しばらくは髪の毛は長いままにしていました（笑）。

奥手な女性会員さんには、この昔話をネタ振りに使うことも。「通勤電車にだって出会いはあるのよ。この人がいいなと思ったら、隣の席に座りなさい。隣の吊り革をつかんで！そこからドラマが始まるのよ」と話をしています。

幸せな結婚へ続く出会いのドラマは、向こうから歩いてやって来ることはありません。じっと待つものではなく、それに向かって自ら歩み、生み出すもの。受け身のままでは、婚活も恋愛も一歩も前には進みません。自分でロマンチックなドラマのオリジナル脚本を書き、演出し、自分が主人公になる！　くらいのつもりでなければ。

自分でドラマを作るなんてできない。積極的にアプローチなんてできない。そんな人は、服にリードしてもらいましょう。自分を変えたいなら、ファッションを変えるのがいちばんの近道。ファッションを変えれば、その服に見合うメイクになり、服に見合う髪型、服に見合う仕草になります。ファッションにリードされることで、内面だって変化するのです。

考えてみてください。男性とのファーストコンタクトは誰だって着衣の状態。裸のお付き合いはその後です。服から出ているのは顔と手足だけ。せいぜい全体の2割ほどに過ぎません。残りの8割は、服で覆われているのですから、そこをチェンジしない手はありません。ファッションは、ノンバーバル（言葉によらない）なコミュニケーション。言葉に出せないことも、ファッションは雄弁に語ってくれます。

だからたとえ女子会でも、スニーカーにパーカーなどのカジュアルすぎる装いで参加している場合ではありません。待ち合わせ場所へ向かう途中、信号待ちをしているとき、隣に立った素敵な男性から「今、少し時間はありませんか？」と声をかけられることもありえます。あるいは、女子力の高いあなたの装いを目にした女友達が、「きっとお似合いだと思う」と彼氏の親友を紹介してくれることもあるかもしれないのです。

どんなチャンスでも逃したくないなら、近所のコンビニに出かけるときだって、油断できません。近所だからと気持ちがすっかりゆるんでしまい、気の抜けた部屋着に安いサンダルをつっかけて出かけていたりしたら、チャンスは永遠にめぐってこないでしょう。

自室から一歩外の世界へ踏み出したら、そこはオーディション会場。自分は脚本家兼女優。そんな気持ちで過ごすことが、人生にドラマを生み出すのです。

「婚活の壁」を越えられない勘違い

NG

「ほんとにまったく
周りに男性がいないんです！」

UEKUSA ADVICE
植草アドバイス
03

出会いがない？
どこを見ているの。
もう出会ってるのよ。

# 「出会いがない」と嘆く前にできることはあります

ここで私自身の婚活話をしましょう。私が結婚したのは、30歳を過ぎてから。契機になったのは、1人暮らしをしていた私を心配して訪ねてきた母の思いも寄らない行動でした。

時代は平成になっていましたが、母の婚活の常識はお見合い至上主義。そのときも「年齢が年齢なんだから、そろそろ身を固めなさい」とお見合い写真をいっぱい持ってきたのです。ところが、私からするとイマイチな男性ばかり。「こんな相手と結婚するくらいなら、一生独身のほうがマシ！」と言い放ち、母と大げんかになりました。

母から「お母さんが頑張って良縁を集めたのにどれもこれもイヤって、どうして⁉ じゃあ、自分の力でなんとかできるの？」と言われたので、売り言葉に買い言葉で「自分でやれるわよ！」と言ったものの、心当たりはありません。

すると、私の本音を察した母が、「あなた、今すぐアドレス帳を机の上に出しなさい」と言い出しました。今はアドレス帳もスマホに入っていますが、当時はガラケーが出て間もない頃。ですから、友人たちの連絡先は手帳の住所録に書き留めていました。

差し出した住所録を手にしてパラパラめくった母は、私に向かって「ここに書いてある男性に、今から片っ端から電話しなさい」と言い出しました。

時計は、平日の午後7時過ぎを指していますが、母は電話するまで帰らない構えを見せています。こんな時刻にいるわけがないと思いつつ、仕方なく、まだ独身だと思われる男友達に「あいうえお順」に電話をかけ始めました。

「久しぶり。元気？　今、母が遊びに来ててね。結婚しろってうるさくて。あなたがいいと思う男に今すぐ電話しなさいと言われて、こうなってるの。笑える〜。ところで結婚した？」と畳みかけて、「う、うん」という返事が返ってきたら、「そうなんだ。よかったね。お幸せにね〜」でガチャン。

この電話攻勢で、その日のうちにまだ独身だった8人と連絡がつき、後日3人とデートをしました（相談所流に言うと、複数の相手とデートしている「仮交際」です）。

3人のうちの1人とは新宿駅で待ち合わせして、彼の車で横浜の八景島シーパラダイスまでドライブデートしました。この彼が後の夫です。振り返ってみると、夫には最初に電話したときから、「結婚を前提にお付き合いしませんか？」と言っていたので、予感のようなものがあったのでしょう。

このエピソードから読み解いてほしい教訓は、「男友達の在庫整理」が婚活につながる可能性があるということ。「新たな出会いがない」と嘆く前に、これまで出会っている男性のなかに、自分に相応《ふさわ》しい人がいないかをチェックしてみましょう。私のように、すでに出会っている人に未来の夫が潜んでいることもあります。人間関係の多くは半径5メートルで構築されるという説もあるそうですから、あながち間違ってはいないでしょう。

私の頃は、電話をかけるくらいしか連絡手段はなかったのですが、現在は、LINE、メールなど、もっと手軽に連絡を取る方法はいくらでもあります。

ただし、私のように「結婚を前提にお付き合いしませんか?」といきなり切り出したら、普通はドン引きされますよね（笑）。

あくまでも「心配性の親にせっつかれて困ってるの～。どう思う?」と相談する形を取ります。たとえば、「うちのお母さん、急に結婚、結婚って大騒ぎし出して。おかしいよね。私って結婚に向いていると思わないでしょ?」などと水を向けてみるのです。

そこで、「そうかなぁ。意外に結婚向きかもよ」といった色よい返事が返ってきたら、脈があるかも。「久しぶりに会わない? お茶でも飲もうよ」と誘ってみてください。

「婚活の壁」を越えられない勘違い

NG

「私なんて平凡で何の売りもないから……」

UEKUSA ADVICE
植草アドバイス

04

# 自分の〝棚卸し〟で、隠れた〝資産価値〟を掘り起こしなさい。

# 男性が女性に望む条件の真実

マリーミーの会員さんは、登録されている約15万人のデータベースに条件を打ち込み、ヒットした相手の写真などの詳しいプロフィールを閲覧できます。一度にヒットするのは数人から数百人です。

その際、男性と女性では、打ち込む条件の傾向が異なります。

女性が男性を選ぶ場合、まず打ち込むのは、①学歴、②年収、③職業、④身長です。善し悪しはともかく、結婚相談所に登録している女性のニーズを反映したもの。3高（高学歴、高身長、高年収）はもう古い、という話もありますが、少なくとも婚活市場ではまだ健在。最初のスクリーニングでは外せない項目なのでしょう。

では、男性が女性を選ぶ場合、打ち込む項目はどうなるか、おわかりですか？

男性の多くがまず打ち込むのは、①年齢、②学歴、③住まい（自分の居住地に近いかどうか）。これが真実です。つまり、男性にとってマッチングできるかどうかを決めるファーストステップは年齢。年齢の条件がクリアできてようやく、その他の条件と容姿のチェックへと進むのです。

そもそも結婚相談所に登録している20代女性は少数派。男性陣からの人気も高いので、登録すると短期間で成婚します。身ぎれいにお洒落をしている20代の女性であれば、よほどお相手を選ばない限りお見合いは成立します。

かつて相談所では、女性の年収データは公開していませんでした。けれど、先行きが不透明な時代になり、経済的に女性に頼りたいという男性が増えているのも事実です。日本人の賃金は、バブル経済崩壊以降の「失われた30年」を通して上がっていません。そこで令和の時代には、女性の年収も検索条件に入れるようになっています。

あなたはもしかしたら「結婚後はパートタイムで働くくらいでちょうどいい」と思っていますか？　世帯年収が1200万円でも、子ども2人を小学校から大学まで私立に通わせるのは厳しいと言われている時代です。「専業主婦でもいいよ」と言ってくれるのは、年収2000万円以上で経済的に余裕がある男性に限られるのが現実です。年収600万円以上なら年収も女性のアピールポイントの一つになるのです。自立して働いている女性に魅力を感じる男性だって増えています。

## 誰にでもアピールポイントは必ずあります

ここで登場するのが、36歳のK織さん。フリーランスで翻訳の仕事をしています。医薬品の説明書（添付文書）などの翻訳がメインであり、年収は300万円ほどでした。

彼女はアメリカの大学に通った経験があり、その後もワーキングホリデーなどで海外生活が長かったせいか、すぐに「日本人の男ってさぁ」という上から目線の言い方をします。

本音では、日本に住んでいる欧米人と結婚したかったようですが、そういう独身男性は絶対数が少なく、コロナ禍でその数はますます減ってしまったので、彼女の希望は叶いませんでした。

彼女が出した男性の条件は、年齢は5歳上まで。年収は700万円以上でした。

20代女性なら、マッチングできる男性は大勢いますが、彼女のように30代後半で年収が300万円となるとマッチングするのが難しくなります。

ところが、ここに1人の男性が登場します。彼は35歳で外務省勤務。年収は700万円以上。彼女の条件にピッタリです。

外務省の職員のおよそ半数は、海外の大使館や領事館に勤務しているそうですが、彼も海外赴任が決まったことが契機となり、できるだけ早くよい人と結婚したいと焦って入会してきました。海外生活には不安や不便が付きものですから、信頼できるパートナーと一緒に赴任したいと考えたのです。


ご多分に漏れず、彼も20代女性を希望していたのですが、お見合いをしてもフラれてばかり。20代女性は年齢的にアドバンテージがあり、好みの男性とマッチングしやすいですから、もっと条件のよい男性を探しているのです。それに最近の若い世代は内向きで海外志向は昔のように強くなく、外務省に限らず、商社マンのように海外赴任がある方との結婚を歓迎しないタイプも増えているのです。

その点、K織さんは海外志向が強く、海外赴任はウェルカム。英語もできますから、海外でも彼のサポートができます。それに、海外赴任になると、妻は仕事を辞めざるを得ませんが（海外で仕事ができる女性は限られています）、彼女の翻訳業はリモートでもできますから、共働きができるという利点がありました。その点を猛アピールした結果、彼は結婚を決意。2人で海外へと旅立ちました。

彼女のように年齢的に婚活上のハンディキャップがあるなら、他の若い女性にはない自らの強みをアピールすることが必要になります。そのために求められるのは、自分自身の棚卸しをして、自らの〝資産価値〟を見つめ直してみることです。彼女の場合、それは英語と海外生活の経験、そして遠隔でも仕事ができる翻訳という生業でした。

自らの〝資産価値〟とは、容姿や若さや年収である必要はないのです。「バイオリンが弾ける」「キャンプが好き」「トライアスロンの完走経験がある」……。どんな趣味や経験がアピールポイントになるかはわかりません。それは、相手次第。思いもしなかった自分の「好きなこと」「得意なこと」が、2人の距離を一気に縮めることはよくあります。

「特技も趣味もありません」という女性でも、私が聞き出してみると、「おばあちゃん子で和食が得意」とか「キレイ好きで、水回りはいつもピカピカに磨いておかないと気が済まない」といった本人が気づいていない強みを何かしら持っているもの。

「自分なんて平凡だ」と決めつけないで、休日に自分が何に時間を使っているかを、どんな細かな点でもいいから、書き出してみます。そこに、自分が意識していなかった強みが潜んでいることもあります。その強みが婚活市場で切り札となることも多いのです。

NG

「婚活の壁」を越えられない勘違い

## 「私、もうオバさんだから」

UEKUSA ADVICE
植草アドバイス

## 05

今日は人生のうちで
いちばん若いの。
年齢を気にする暇なんて
1秒もないわ。

# 「私なんて」というマインドは今すぐ捨てましょう

「私なんてオバさんだし」

こんな開き直りが口グセになっている女性もいます。34歳でデパ地下勤務のF子さんがそうでした。

F子さんの勤務先は、京都の老舗日本茶専門店の茶葉をデパートで販売するお店。仕事柄、同僚にもお客さんにも年配者が多いので、〝朱に交われば赤くなる〟で、必要以上に自分は老けていると思い込んでいたのでしょう。

婚活や恋愛に限らず、「自分はやればできる」という自己肯定感を持つことは人生において重要です（ただし、バリキャリ志向が強すぎたり、肯定感が過度に高かったりすると、「私にはもっと相応しい人がいるはず！」と上から目線になり、迷走を続けることもあるので要注意です）。ところがこの自己肯定感が低い女性というのが一定数いるのです。

F子さんが「私なんて」というネガティブ思考に陥り、自己肯定感を下げてしまった理由。それは、20代の頃、相手の浮気が原因で大失恋をしたり、結婚を意識していた相手が実は既婚者で騙されたり、といった不幸な経験を何度かしていたからだと、カウンセリングを通して判明しました。

彼女の自己肯定感が低かった理由の一つには、家庭環境もかかわっていました。父親の浮気で苦労してきた母親から、「男なんてどうせ信用できない」とか「男選びを間違うと苦労するから、経済的に自立して一生独身のほうがいい」などと言われてきたようでした。典型的な毒親ですね。

人は誰しも、自分が育った家庭環境がすべて。他の家庭の実態はわかりません。父親は浮気をするものだし、母親は口うるさいものだと思い込むと、それを覆すのは相当大変なのです。

いちばん身近な同性である母親から、小さい頃にネガティブなことばかり言われ続けていると、自己肯定感は下がり、性格も暗くなります。すると、付き合っている男性側も、「こいつはオレの言いなりだから、オレが浮気しても文句を言わないだろう」とか「既婚者でも気づかれないだろう」といった自分勝手な態度を取るようになります。それが、F子さんの20代の不幸な恋愛体験の一因。どちらのケースも男性側が200％悪いのですが、彼女のような女性側にもそういうダメ男につけ込まれる要因はあるのです（アドバイス30

参照)。

F子さんが婚活に本腰を入れるようになったのは、30代も半ばになり、この先ずっと1人で生きていく自信が揺らいできたから。

彼女は、仕事にやり甲斐を感じていました。茶葉の生産者の真摯な仕事ぶりを知れば知るほど尊敬の念が深まっていましたし、そのお茶を飲んでくれる常連さんから「ここのお茶はうま味の深さが違う。いつも美味しい」と褒めてもらえるにつけて、日々えも言われぬ充実感に満たされていたのです。

ただ、年収は300万円前後だったので、このまま1人で豊かに暮らしていけるだろうかと不安を感じるのもムリもないでしょう。毒親の「経済的に自立して一生独身のほうがいい」という呪縛から、抜け出す決意をしたのです。

彼女の望みは、年収500万円前後で年齢は10歳くらい上まで(女性の多くが男性に求める年収は、自分の年収の1・5~2・0倍です)。

バリキャリ志向が強い30代の婚活女性には、もっと高望みをするタイプも大勢いますが、彼女は何しろ「自分なんてオバさんだから」「仕事もこれ以上頑張れない」と思い込んでいますから、お見合いのセッティングには苦労しませんでした。

いちばんのハードルは、「自分なんてオバさんだから」という思い込みの壁をどう崩すか。私は、「そんな諦めの言葉を口にしているうちに、1秒ずつ歳を取るのよ。今日がいちばん若いのだから、今すぐアクションを起こしましょう」と励ましました。

そのうえで、「あなたは自己肯定感が低すぎる。それは、お母さんからネガティブな言葉を言われ続けていたから。あなたが悪かったのではなく、お母さんが不幸だったので、あなたに辛く当たっていただけなのよ」と指摘。

そして「お母さんの辛さも理解して、許してあげてください。そのうえで前を向きましょう。他の誰のものでもない、自分の人生なのだから」と語りかけると、彼女は目に涙を浮かべて何度もうなずいてくれました。

そこから彼女のマインドセットが少しずつ前向きに変わるようになり、「オバさん」という言葉を口にしなくなったのです。

「私なんて」が会話の枕詞になっている人の固定概念を突き崩すにも、見た目を変えることから入るのが近道。まずはファッションを変え、それに合わせてメイク、ヘアスタイルも変えるのです（アドバイス2参照）。

男性は単純。見た目が可愛く変われば、「可愛いね」「キレイだね」とチヤホヤしてくれるようになります。自己肯定感が低い人ほど、周囲から「可愛いね」「キレイだね」といったポジティブワードを投げかけてもらうことで自信が深まり、セルフイメージも前向きに変わります。

F子さんも入会当初はファッションがイマイチ。初めてカウンセリングに来たときも、私は思わず「普段のお洋服はいつもそんな感じですか？」とお尋ねしてしまいました。年配者に囲まれて働いているので、私服でも無意識に地味な装いを選ぶようになり、それが「オバさん」っぽさを醸し出す一因になっていたのでしょう。

そこで、ファッションを明るく若々しく変えるところから入り、化粧品も新たに揃えてメイクを整えたら、彼女は気持ちまで明るくなり、表情もイキイキして素敵な〝雰囲気美人〟に変身。チヤホヤしてくれる男性も増え、自己肯定感もアップしました。

そして半年ほどで年収600万円、46歳の地方公務員と結婚しました。

「婚活の壁」を越えられない勘違い

## 「オタク男子はキモいから絶対イヤ！」

UEKUSA ADVICE
植草アドバイス

# 06

## オタク系趣味がある？
## それこそ狙い目よ。

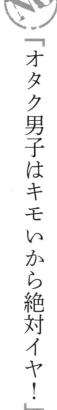

# オタク系男性は優良案件です

インドア派ならアートやクラシック音楽の鑑賞。アウトドア派ならテニスやゴルフ、キャンプ。できれば男性には意識高い系の趣味を持っていてほしいのが女心。

ところが、こうした趣味を持っている人にターゲットを絞り込もうとすると、交際相手の分母が小さくなります。近年では、こうした意識高い系の趣味を嗜《たしな》んでいる男性は少数派になっているからです。

代わりに増えているのが、同じインドア派でも、芸術や音楽の鑑賞ではなく、ゲームやアニメといったいわゆるオタク系趣味を持つタイプです。

こうした男性を「オタクはキモい、絶対イヤ！」とばかりに、人となりを吟味しないうちに門前払いしていたら、出会いを自ら遠ざける結果にもなりかねません。年収が高い優秀なプログラマーなどには、オタク系の趣味を持つ男性も多いもの。趣味だけでジャッジしていては、優良案件を見逃す可能性もあります。

恋人同士なら、美術展や音楽コンサートに出かけたり、テニスやゴルフ、キャンプといった趣味を楽しんだりするのもよいでしょう。結婚後も、こうした趣味を夫婦で楽しむ経済的かつ時間的な余裕があるのが理想です。

けれど、住居費や子どもの教育などにかかる家計の負担を考慮すると、恋人同士の頃と同じように、お金がかかる趣味が楽しめるとは限らないでしょう。さらに言うなら、仮に経済的には何も支障がないとしても、子どもができたら、育児をほったらかしにして2人だけでコンサートやテニスやゴルフに出かけるわけにはそうそういかなくなります。

その点、インドア派のオタク系趣味なら、課金を求められるゲームなどを除くと、経済的な負担はほとんどありません。自宅で行えますから、子どもができても、子育てをほったらかしにする心配もありません。

昔から、避けるべき男性の悪癖として挙げられるのが、「飲む」「打つ」「買う」ですよね。それに比べたら、課金を伴わないオタク系趣味は健全そのものです。そんな健全な趣味を持つ男性を今どき「キモい」と敬遠するのはもったいないというものです。

33歳でメーカー営業職だったE子さんは、2歳年上のIT企業の営業職の男性と真剣交際に入りました。東京・青山で最初のデートを終えて、2人で帰路につこうと東京メトロの表参道駅に降り立ったところ、彼が「あっ!」と叫び、スマホを片手に突如ダッシュしました。置いてきぼりにされたE子さんは、一体何事かとその場で愕然としたそうです。それはムリもないですよね。

彼を〝奇行〟に駆り立てたきっかけは、地下鉄駅を支える柱に、彼が愛して止まないアニメのキャラクターがラッピングされていたこと。オタク魂に火がつき、婚活デート中であることも忘れて、一目散に駆け出してしまったのです。ラッピングされたアニメキャラとの2ショットをスマホで撮りまくる姿を見たE子さんは、「こんなオタクはイヤ!」とデート後に交際終了を宣言しました。

こんな話をすると、オタク男子の婚活市場での価値を下げそうですが、彼はこの〝表参道事件〟の4ヵ月後、同じ歳の可愛い系OLと結ばれました。彼女自身がアニメ好きで、彼の趣味に違和感を覚えなかったうえに、むしろ他人にも家計にも何も迷惑をかけない、健全なものだと評価したからです。

ただし、結婚した後も、夫婦生活をそっちのけで、自分1人で部屋に閉じこもり、オタク系趣味に没頭するのは問題。そこは女性が率先してチームリーダー役を買って出て、「ゲームは1日1時間までね。終わったら、お風呂掃除をお願い!」などとルールを定めましょう。

NG

「婚活の壁」を越えられない勘違い

## 「ファッションより中身で私を見てほしい」

UEKUSA ADVICE
植草アドバイス

07

ファッションは第一面接、オーディションよ。オーディションに受からない限り最終面接はないわ。

# 〝第一印象〟に〝二度目〟はありません

「男性に媚びた服装なんて時代遅れでしょ」

「ファッションで私の価値は計れないから」

「好きな格好をしている私を好きになってほしい」

そう思いますか？　確かに人間は中身が大事。私だって男性に媚びてほしいとは思いません。

ですが、ファッションくらいで「あの子はないな」と門前払いされてしまったらどうでしょう？　自分の中身の本当の魅力を発揮するチャンスはなくなります。それではもったいないと思いませんか。

男性に媚びる必要はありません。けれど婚活市場において、競争相手の多い素敵な男性を射止めるには、それなりの戦略的なマーケティングが不可欠。その戦略の大きな鍵を握っているのがファッション。媚びて「あなたの心を売れ」と言っているわけではありません。

もっと戦略的になってほしいと私は言っているのです。

着たい服を気ままに着ていいのは、独身を満喫する女性たちの特権。婚活や結婚を意識する本気の恋愛というフェーズでは、「好きな男性から、自分はどう見えているか」をつねに意識してほしいのです。

テレビや映画や舞台では、配役を決めるためにオーディションが行われます。アイドルグループのメンバーを選ぶ際にも、入念なオーディションが行われますよね。婚活の第一関門は、いわばこのオーディションに参加するようなもの。

オーディションにはいくつかの段階があります。最終面接まで残り、婚活というステージの主役に抜擢されるには、最初の面接をパスする必要があります。そこを突破できない限り、最終面接には進めないのです。そして大事な最初の面接をパスするうえで重要な武器になるのが、ファッションというわけです。

就活でも何でも、面接は「第一印象がすべて」とか「最初の10秒で勝敗が決まる」などと言われています。そして第一印象に、二度目はありません。一度目の印象を後で覆すのは大変なのです。この重要な第一印象を大きく左右している要素こそファッションです。

婚活というオーディションにおけるファッションの重要性に気づいたのは、私がもともとアパレル業界出身だったからでしょう。

アパレル業界から婚活業界へ転身したばかりの頃、その事実を実感させられたこんな出来事がありました。今から20年近く前のエピソードです。

他の結婚相談所の女性会員さんたちと合同での婚活パーティを企画したときのことです。その際、私は「さぁ、オーディションの始まりよ！　お洒落して参加して！」と口を酸っぱくして指導。マリーミーの女性会員さんたちは、みんなお洒落でキラキラしていて、他の相談所の会員さんたちがめちゃくちゃ地味だったのとは対照的でした。

結果、パーティで男性たちはマリーミーの女性会員さんばかりに群がり、他の相談所の女性会員さんたちは見向きもしてもらえなかったのです。

正直に言うと、マリーミーの会員さんたちも他の相談所の会員さんたちも、顔かたちもスペックも五十歩百歩。似たり寄ったりでした。だからこそ、「やはりファッションのパワーはすごい！」と再認識。以来、マリーミーではファッションへのアドバイスにより力を入れるようになったのです。

では、いったいどのような装いをするのが、オーディションには相応しいのでしょうか。週末になると、東京都内の主要ホテルのラウンジの主役は、お見合いカップル。お見合い客だけで、1日に7回転、8回転しており、一般のお客さんがなかなか座れないという状況になっています。

そんなラウンジで男性たちの目を引いているのは、バスト、ウエスト、ヒップのメリハリのはっきりしたファッションを身に着けた女性です。

そんなふうにメリハリの効いたファッションの女性は、オーディションの審査員たる多くの婚活男子からガン見されています。そして自分の相手ではなかったとわかると、彼らは「あ〜あ、あの子だったら、よかったのに」と一様にがっかりした顔をしています。

メリハリのある装いといっても、バブル期のボディコン風のファッションをすすめているわけではありません。たとえば、トップスがバストとウエストがキレイに見えるものなら、ボトムスはふんわりとヒップが隠れるタイプ。もしくはボトムスがタイトでヒップとウエストがキレイに見えるものなら、トップスはふわっとしているタイプ。つまり、バスト、ウエスト、ヒップの3ポイントのうち、2ポイントをハッキリさせればOK。そうすれば今どきのバランスでありながら、男性陣の婚活スイッチはオンに。

カラーリングも大切です。ついつい無難な黒や白といったモノトーンを手に取ってはいないでしょうか？　就活ではいいかもしれませんが、婚活の第一面接にはまったく向いていません。婚活で着てほしいのは、イエロー、ピンク、ブルー、グリーンといった華やかなパステルカラー。私はマカロンカラーと呼んでいますが、男性の視線は、心を晴れやかにしてくれるような明るいカラーに自然と吸い寄せられるもの。

週末のお見合いを終えた男性会員さんたちに、「昨日、3人とお見合いしたよね？　相手はどんな子だったの？」と聞いてみると、「えっと、何っていう子だったかなぁ」と名前はすでに怪しくなっているのに、「スカートがふわっとしていて素敵でした」とか「ピンク色の服がよく似合っていました」といった感想ばかりが寄せられます。つまり、女性が想像している以上に、男性たちのイメージはファッションに支配されているのです。

変化の激しいモードの世界とは違い、婚活ファッションには大きな流行り廃りはありません。一度買ったら、少なくとも10年は着られます。お母さんが着ていたものをお直しすれば、（体型が同じなら）娘だって着られるくらいです。

ですから安いファストファッションでお茶をにごさず、一着上質なものを買ったほうがコスパがよいといえます。

ちなみに、私が考える婚活ファッションの理想は、1961年公開の映画『ティファニーで朝食を』で主役を演じた頃の女優オードリー・ヘップバーンのスタイル。あれこそ永遠の婚活ファッションだと思います。

デザイナー、ユベール・ド・ジバンシィのミューズだったヘップバーンが着こなしていたのはジバンシィの服ですが、さすがにジバンシィの服を、というのはハードルが高いですよね。「婚活におすすめのファッションブランドは?」と聞かれたときに、私が答えるのは『FOXEY』ですが、若い人にはちょっと値が張ると感じられるかもしれません。あくまでも参考までに言うと、より手頃な価格で考えたい20代の方には『レッセ.パッセ』、30代~40代前半の方には『M'S GRACY』をおすすめしています。

まずは第一オーディションを突破してから、中身の魅力を知ってもらう面接へと進みましょう。

CHAPTER

# 02

# 「男心がつかめない」の壁

NG

「婚活の壁」を越えられない勘違い

「彼から連絡が来ないってことは、見込みなしなのね……」

UEKUSA ADVICE
植草アドバイス
08

〝待ち子〟になってどうするの。
自ら動かない女に
未来はないわ。

# 2回目デートの上手な誘い方、あります

結婚相談所では一般に、お見合い⇩仮交際（同時に3人まで）⇩真剣交際（1対1）という具合に進展します。仮交際から真剣交際に至る確率は10％以下、真剣交際から成婚に至るのは60～70％くらいの確率です。

仮交際から真剣交際に進むためには、デートを重ねる必要があります。

真剣交際に入ってからは2人にお任せですが、仮交際中は1回目のデートからお互いより報告をもらうようにしています。何月何日、どこへデートに出かけ、何を食べていくら使い、どちらがどのくらい払ったか、その際に相手にどんな印象を持ったかなどを報告してもらうのです。

ところが、仮交際を開始して1回目のデートが終わったのに、2回目、3回目に一向に進めないカップルもいます。

理由は明確。1回目のデートで別れる前に、「次回は、さっき話に出ていたレストランに行きましょうよ」といった次の約束をしていないのです。

じつを言うと、仮交際の1回目のデートで、2回目のデートの約束を交わすカップルは1割もいません。9割は、次にいつどこで会うかを決めることなく、別れてしまうのです。

次の約束をしない理由はさまざまです。

結婚相談所に登録する人には、男女を問わず、自分からは積極的なアクションを取れないタイプが少なくありません。ですから、次のデートの約束を取りつけるのも、苦手なのでしょう。相手からの誘いを待っている〝待ち子〟と〝待ち男《お》〟が多いのです。

さらに、自分からデートの提案をしたいのに、その場で約束が取りつけられなかったらどうしよう、と不安な気持ちになる人もいます。断られて、自分が否定されたような気分になるのがイヤなのでしょう。そんなふうに及び腰になっていたら、めぼしい男性は、自分から積極的にアタックする肉食系女子に軒並みさらわれてしまいます。

及び腰の待ち子たちに、「どうして自分から約束を取りつけないの?」と尋ねてみると、「男性から連絡が来ないということは、私のことが気に入らない証拠だと思います」という返事が返ってくることがあります。相手に確認したわけではないのに、拒絶されたと勝手に決めつけているのです。

と言いつつ自分から交際終了を決断する勇気はないので、彼から連絡が来るのを密かに心待ちにしています。本当に「彼は自分を気に入らないんだ」と思っているなら、来る当てもない連絡をじっと待つのは時間のムダ。その人は諦めてさっさと次の人に行ったほうがずっといいと思います。

男性側も同じ。草食系男子という言葉が話題になったのは、2008年頃。それから15年ほど経ちましたが、草食化は進み、男性の恋愛力は低下の一途を辿っています。そんな待ち男からの連絡を待っている間に、ムダに歳を取っていきます。

中学生や高校生同士のカップルなら、約束を取りつけなくても、学校や塾で毎日のように会えます。でも、お互い多忙な社会人になったら、約束をしない限り、会えません。そこに気づかないと一生恋愛ベタなままです。相手から誘われるのを互いに待っている待ち子と待ち男の組み合わせでは、結婚への道のりは厳しいと言わざるを得ません。

31歳で料理アシスタントをしているAさんも、そんな待ち子の1人。過去に何人かと仮交際をしているのに、一度も2度目のデートに辿り着けなかったのです。

このままではラチが明かないと思った私は、「そろそろ待つのをやめて、自分から連絡しましょう」「会ったばかりで、まだ相手の熱が冷めないその日のうちに、あなたからメールで次の約束を取りつけないとね」とアドバイスしました。

「どういうふうに誘えばいいですか？」と聞かれたので、私は次のような待ち子用のお誘いメールのテンプレートを作りました。

**【待ち子用お誘いメールテンプレート】**

**①まずはお礼の言葉を述べる：「今日はありがとうございました。楽しかったです」**

**②相手を褒める：「●●さんは大変なお仕事をされているのですね。尊敬します」**

**③デート中の会話から、次のデートにつなげるネタを探し、日時まで提案する：「大学生時代、アジアを旅してスパイス料理好きになったというお話、興味深かったです。スパイスが効いた南インド料理を出すお店を知っているので、来週末にご一緒しませんか？」**

条件のよい男性は、競争相手も多いもの。ライバルたちのなかで自分の存在を強くアピールするためには、単にテキストだけのメールを送るのではなく、動画を添付するのもアリです。レストランに誘うなら、事前リサーチで来店してお店の様子を撮影して送ったりするのです。

次の相手に、彼女は意を決して、このテンプレート通りにメールをしました。

Aさんの条件は、年齢は5歳上まで、年収は500万円以上というものでしたが、デート相手となる彼は36歳で年収750万円の会社員。バツイチでしたが、子どもはおらず、その点を彼女は気にしていないようでした。

1回目のデート中、彼が会社からコロナ対策でいまだに外食を控えるようにとの指示が続いているという話をしたので、「次は公園に出かけませんか。公園なら〝密〟が避けられます。私がお弁当を作っていきますね！」と誘い、緑豊かな公園の様子を動画で添付。2週間後の土曜日、公園デートを実現させました。

そして、料理アシスタントの腕前を存分に生かして、見た目に美しくて美味しい幕の内弁当を手作りした結果、離婚して家庭料理に飢えていた彼の〝胃袋〟をつかむことに成功。3回目のデートで真剣交際に進み、彼からプロポーズされたのです。

就活の面接と同じです。婚活市場でも〝待ち子〟と〝待ち男〟にならず、積極的でセルフアピールの上手なタイプが勝者となるのです。

NG

「婚活の壁」を越えられない勘違い

## 「会話が弾んで楽しかったから、今日のデートは成功ね！」

UEKUSA ADVICE
植草アドバイス

## 09

会話の7割は彼にしゃべらせて。〝口を割らせる〟のがあなたの役割よ。

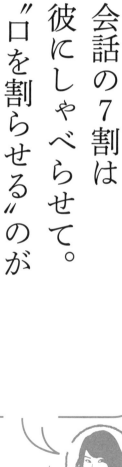

# デートで自分の話ばかりしてませんか？

「今日はすごく楽しかったです。彼とは気が合って会話も弾みました！」

そんなふうに、お見合いやデートの後、嬉しそうに報告してくれる女性に限って、だいたい男性側から交際お断りの連絡が入ります。女性が「楽しかった」「会話が弾んだ」と思っているのは勘違い。自分ばかりがしゃべり続けている証拠なのです。

ノリノリで話し続けている女性は楽しいかもしれませんが、その間、男性はただ黙って聞いているだけ。あなたが自分のことを話したいように、彼のほうも自分のことを知ってもらいたいのです。自分のことばかり話し続けて、相手への質問もない女性に対しては、「この人は自分好きで、僕には興味がないんだな」という印象を抱きます。これでは交際を発展させたい、という気持ちが起こりにくいのです。

自分ばかりが話しているかどうかは、自覚するのが難しいもの。目安は、相手が7割、自分が3割。「え？　彼のほうに多くしゃべらせるの？」と思うかもしれませんが、それくらいで、ちょうどトントンだと思ってください。デート中、相手が時計をチラッと見たら、危険信号。自分的には楽しい会話が成り立っているつもりでも、相手は退屈して「このデート、早く終わらないかな」と思っているのです。デートでは聞き上手になるが勝ちです。

とはいえ草食系で話しベタだったり、コミュ障気味だったりする男性もいますよね。だからといって、ここぞとばかりに会話の主導権を握る必要はありません。彼に気持ちよく話してもらうためのテクニックを駆使しましょう。

## 【彼に気持ちよく話してもらうテクニック】

### ①オウム返し

相手が言ったことを、そのまま繰り返します。これは、営業の基本スキルとしてもよく知られていますね。

たとえば、男性が「僕はゲームをするのが好きなんです」と言ってきたとします。あなたがゲームに興味がなくても、そのままスルーしてはいけません。「私もゲームは好きですよ。でも、私は漫画のほうが好きかな。最近気になっている作家さんは……」などと自分の話に転換したりするのはもっとNG。「ゲームをするのが好きなんですね」とただオウム返しにします。

すると、相手は「自分の話をちゃんと聞いてくれている」「興味を持ってくれている」と感じますから、「とくに好きなのは、RPGで……」などと問わず語りに会話を続けてくれるでしょう。

そうなったら、「RPGが好きなんですね」とまたまたオウム返しにします。この繰り返しで、相手に気持ちよく話してもらってください。

## ②相槌《あいづち》トーク／3大NG相槌

逆に、自分からどんどん語りかけてくるタイプには、こちらもどんどん相槌を打ちましょう。顔を動かして大きくうなずきながら、大げさな身振りと手振りも交えつつ「面白〜い！」「素敵！」「びっくり！」「スゴいですね！」といった感嘆符が付くような〝褒め語〟を返してあげるのです。「わぁ〜、面白い！」など、「わぁ〜！」を付けるとなおよし。相手はますます気分をよくするはずです。

ただしNGの相槌があります。それは「要するに」「なるほど」「そうですね」の3つ。

「要するに」は上から目線で相手の話を切り上げて、自分の話に持っていきたいのが見え見えです。「なるほど」「そうですね」は会話をそこで終わらせてしまいます。「そうですね」で終わらせず、「私もです～！」と話を続けたいものです。

### ③逆時系列トーク

会話は、お互いをよく知るためのコミュニケーションの基本スキルです。ただ相手に話してもらうだけではなく、こちらが必要な情報もきちんと収集したいもの。そのために重要なテクニックの一つが、「逆時系列トーク」です。

婚活市場の主役である働き盛り世代の男性は、仕事の話を聞かれるのが大好きです。

仮に、彼がコンサルとして活躍しているとします。そうしたら「なぜコンサルを志したのか」⇩「そのために大学でどんな勉強をしたのか」⇩「高校時代はどんなことに打ち込んでいたのか」などと、時系列を遡《さかのぼ》って尋ねていくのです。あるいは医師なら、「なぜ医師になろうとしたのか」⇩「医学部に入るのに苦労はなかったのか」と聞いていってください。

感嘆符が付くような〝褒め語〟を交えて聞いていれば、男性は堰《せき》を切ったように本音を語り始めます。それを、私は〝口を割らせる〟と表現しています。

今どんな仕事をしており、そのために大学では何を学び、高校や中学ではどのような学生時代を送り、どんな子どもだったのかを、現在を起点に時系列を遡っているうちに、結婚観の背景となるその人の生き方や価値観やライフプランが少しずつ明らかになっていきます。

「お見合いで話す話題が何も見つからず、1時間が2時間にも3時間にも感じました」という悩みを打ち明ける婚活女子もいます。そういう女性に「彼はどの大学で何を学んでいたの？」と聞いても、「知らないです」という答えが返ってくるケースが大半。これは話題が見つからないのではなく、聞き方を知らないだけ。この逆時系列トークをしていると100時間あっても話のタネは尽きません。

ただし逆時系列トークでしてはいけないのは、過去の恋愛話。元彼・元カノの話をして、婚活がうまくいった試しはありません。デートで相手に聞かれても、「昔の話だから忘れちゃった！」「今はあなたしか見えないから♡」などと可愛くはぐらかすのが正解です。

この他、避けたいのは政治や宗教の話。ただし宗教に関しては、結婚の障害になることがありますから、真剣交際を始める前に確認しておきましょう。

逆時系列トークで相手に7割以上話をさせたら、デートは成功したも同然です。終盤になると、気持ちよく話していた男性もハッと我に返り、「今日は自分の話ばかりしてしまいました。あなたのことをもっと聞かせてください」と言ってきます。そこでちょっぴりだけ自分の話をして、十分な余韻を残して会話は終了です。

テレビの連続ドラマは、毎回キリのよい場面で終わるのではなく、次回が楽しみでまた観たくなるような中途半端な場面で終わります。デートのコツも、それと同じ。余韻が残ると、男性は「彼女のことをもっとよく知りたい」と思いますから、「今度はあなたについてじっくり聞かせてほしい」と次のデートにつながります。

### ④彼が自分のことを話し出す魔法の質問

それでも会話が詰まってしまった。そんなときに投げかけると、彼が自分のことをスルスルと話し出してくれる質問があります。それはこの2つです。

「朝はいつも何時に起きてますか？」

「朝食にはいつも何を食べてますか？」

素朴な質問のようですが、聞いているのは、彼の典型的な1日の生活パターンです。食生活を探ることから、彼のライフスタイルや価値観を知ることができるのです。彼は「自分に興味を持ってくれている」と喜んで答えてくれるし、あなたは彼のことを深く知ることができます。

彼からたとえば「朝は6時に起きて30分ほどジョギングします。戻ってきてシャワーを浴び、朝食を作ります。といっても、ライ麦トーストを焼いてハムエッグを作り、豆乳ラテを添えるくらいの簡単なもの。近くに自然食品の品揃えが豊富なスーパーがあるので、食材はそこで買うようにしています」といった返事が返ってきたとしましょう。

それだけで①早起きで規則正しい生活を送っている。②健康に気を使って運動の習慣がある。③朝食はパン党。④食事に気を使い、食材にまでこだわっている。長生きしそう。……といったことがわかります。結婚を検討するうえでこれらはいずれも貴重な情報です。

そこで得られた情報を踏まえて、「私、お菓子作りが好きで、ジャムもたまに作るんですよ。今度持ってきますね」あるいは「運動不足が気になっていて、ランニングを始めたいと思ってたんです。今度一緒に走ってもらえませんか？」などと返事を返すと、次回のデートの約束も取りつけられます。

こうした具体的な会話を重ねていると、男性は「この人と結婚したら、朝食のトーストは手作りのジャムで美味しく食べられるな」「ノリがよさそうだから、朝のジョギングも付き合ってくれそうだな」などとイメージが膨らみます。お互いに結婚生活を具体的にイメージできる発見があるのが、婚活デートの理想的な会話なのです。

「婚活の壁」を越えられない勘違い

NG

「デートって男性がリードするものよね」

UEKUSA ADVICE 植草アドバイス

10

デートでは〝お客さん〟にならず、ツアコンを引き受けるが勝ちよ。

# 〝3館〟ではお客さんではなく、ツアコンを引き受けなさい

今どきの草食系男子には「デートはどこに行ったらいいでしょう?」と聞かれることもあります。そんなときにおすすめするのが、映画館と水族館。「会話が弾むかわからない」と不安なカップルにも、一定の盛り上がりを期待できるからです。この2つに美術館を加えた定番デート先を私は〝3館〟と総称しています。

付き合い始めの初期段階ならまず映画館です。暗闇でじっと座っているだけで、目の前で興味深いストーリーが展開しますから、何を話していいのかがまだわからない段階でも手持ち無沙汰になる危険がありません。デートの日時さえ決めておけば、並びの席はインターネットなどで簡単に予約しておけます。

むろん、事前に互いが苦手な分野はリサーチして避けます。怖い映画が苦手なのにホラー映画を観ても、なんにも楽しくありませんよね。濃厚なラブシーンがあるような恋愛映画も避けたほうが無難でしょう。「絶対これ観たいよね!」と意見の一致がない限りは、話

題のアクション系、コメディ系など、観た後にお茶をしながらあれこれ話が盛り上がりそうなジャンルにしておきます。

ただし、よほどの映画好きのカップルであれば別ですが、毎度のように行き先が映画館では発展性がありません。次に向かうのは、水族館。映画館は座っているだけの〝静〟の世界ですが、水族館は水槽の向こうで魚が動くし、こちらも動きながら見る〝動〟の世界。それだけ新鮮です。動物園でもいいのですが、イルカやペンギンなどのショーが行われる水族館のほうが、エンタメ性が高くてデート向きでしょう。

水族館の〝動〟の世界で存分に楽しむには、どのルートに沿っていくと効率的に回れるか、人気のイルカショーを何時から観るか、といった段取りを組む必要があります。多くの人がイメージできると思うのですが、この段取りがあるかどうかで、デートの盛り上がり度は違ってきます。

その際、この段取りをすべて相手にお任せの〝お客さん〟になるか、それとも相手の〝ツアコン〟として主体的にデートを取り仕切るかが、大きな分かれ目となります。

観察していると、次のデートに進めているのは、率先してツアコンを引き受ける女性。

このタイプの8割くらいは成婚できています。逆に、お客さんになるタイプはフラれやすいのです。

デートでは彼にぐいぐい引っ張ってほしい、と思っている女性も多いでしょう。ただし、必ずしもそうはいきません。繰り返しになりますが、自ら積極的に動けない〝待ち男〟が多いからです。

草食系男子の〝待ち男〟が多いからこそ、主体的に動ける男性は、女性からは「引っ張ってくれそう」と高く評価されます。また、〝待ち子〟が多いなかで主体的に動ける女性も、男性から「頼りになる」とポジティブに評価されやすいという傾向があります。

そこで、マリーミーの会員さんには、男女を問わず「お客さんではなく、ツアコンタイプになりましょう」と助言しています。双方がお客さんタイプだとデートは盛り上がらず、フェイドアウトになりやすいからです。

3館の3つめの美術館は、じつはかなり難易度の高いデート先です。映画館や水族館と違い、アート作品はエンタメ性が低いもの。黙って観ているだけだと、デートとしての盛り上がりには欠けます。

ただ、あまたのライバルたちと差別化したいのか、プロフィールの趣味の欄に「美術鑑賞」と書く人もいて、会話の流れでデートプランが「では美術館にでも」となるケースもあります。誰から見ても趣味と言えるレベルならそれでいいのですが、詳しく聞くと「中学時代、美術部で副部長でした」といった程度であるケースがほとんど。美術展にここ10年間で1度も足を運んだことがないのに、背伸びして「趣味は美術鑑賞です！」と言っていると、美術館デートで無知をさらす恐れも。付け焼き刃の知識を頼りにして、マネの作品の前で立ち止まり、「モネはいいですね」などと言ってしまったら、恥ずかしいですよね。

もちろんお互いがアート好きであったらいいのですが、そうでない限り、婚活ビギナーはあえてデート先に選ばないのが無難です。もし行くとしたら、率先してツアコンを引き受けられる自信のある展覧会を選びましょう。

ただ、注意が必要なのは、どちらも主体的に動くツアコンタイプだと、意見が真正面から対立して紛糾することにもなりかねない、ということです。

磁石は、プラスとマイナスだと引き合いますが、マイナス同士（お客さん同士）、プラス同士（ツアコン同士）ではいつまで経っても、距離が縮まらないもの。そこで、プラス同士だと察したら、さっさとキャラ変してお客さんになるようにします。

相手に合わせて柔軟に対応する姿勢は、結婚生活でも必要不可欠。それができないと、「我」と「我」のぶつかり合いになり、結婚生活は空中分解します。いつもはツアコンタイプなのに、相手がツアコンタイプだと見抜くや、瞬時にお客さんになれる臨機応変さを持つ人が、男女ともにモテるのです。

「婚活の壁」を越えられない勘違い

NG

「『ありがとう』『ご馳走さま』は、
ちゃんと言ってますから！」

UEKUSA ADVICE
植草アドバイス

11

何かしてもらったなら、
最低3回は
お礼を言うものよ。

# お礼上手がモテるのです

何かしてもらったときに、彼に「感謝」を伝えていますか？

「ありがとう」くらい言っている！　と思う人がほとんどだと思います。でも、もう一度振り返ってみてほしいのです。その感謝は、本当に彼に伝わっているでしょうか？

たとえばある日のデート一つを取ってみても、感謝を伝えたいシーンはたくさんあるはずです。相手が忙しい仕事の合間にリサーチして、予約が取りにくいお店をリザーブしてくれたら、それだけでも「ありがとう！」ですよね。エレベーターのドアを押さえて待っていてくれた、クロークに預けていたコートを丁寧な所作で着せてくれた……などなど、感謝を言葉にするタイミングは尽きません。


なかでも感謝を伝えるもっとも大切なタイミングは、デートで男性から食事をご馳走してもらったとき。この大事なタイミングで感謝の言葉が足りず、フラれてしまったのが、F子さん。32歳のピアノ調律師の女性です。

相手は37歳の会社経営者の男性。年収1500万円超の彼は、デートでは毎回個室を取り、いちばん高いコース料理をご馳走してくれました。

3回目のデートが終わった後、彼女から私に、「真剣交際に入りたいです」という連絡が入りました。そこで彼に打診してみようと思った矢先、向こうから機先を制するように「交際終了でお願いします」という連絡が飛び込んできました。

F子さんからは、交際は順調に進んでいると聞いていたので、何事かと思い、彼に事情を確認してみることにしました。すると、彼からは「彼女は、いくらご馳走しても、お礼を言ってくれないんです。感謝の心がない女性とは、結婚生活は送れないと思います」という返事が返ってきました。

それが事実ならとんでもない話だと思い、F子さんに「個室を取ってもらい、いちばん高いコース料理をおごってもらっているのに、お礼を言ってないの?」と確認してみると、半ばショック状態の彼女は蚊の鳴くような声で「もちろんお礼は言っていました」という返事。そして「帰り際にはちゃんと〝ご馳走さまでした。ありがとうございます〟と、伝えていたのですが……」と腑に落ちない様子です。


さて、F子さんはどこが間違っていたのでしょうか。

私は「それでは子どもだよ。彼は毎回4〜5万円は使っているのに、最後の最後に一言お礼を言うだけでは、向こうの心には深く響かないんだよ」と諭しました。

もちろん彼女は、大人の最低限の常識として、デートでご馳走してもらった感謝の言葉を述べていたつもりだったのでしょう。ただ、彼のほうの「こんなにしてあげているのに」という気持ちに見合うだけの感謝が伝わっていなかったわけです。誰だって、自分が相手のためにしてあげたことへの反応が薄ければガッカリするものです。

食事の時間を一緒に過ごす間、最後の一瞬以外にも、いくらでも感謝を伝えるチャンスはあるはずです。

個室に案内されたら、「いつも個室を取ってくれて、ありがとう。おかげでゆっくり食事を楽しめるから嬉しいな」。乾杯のシャンパーニュがキリリと冷えていたら、「今日は蒸し暑かったから、一口飲むと生き返る！　本当に美味しい！　ありがとう！」。季節の野菜を盛り込んだサラダが美味しかったら、「今週は野菜が足りなかったから本当に助かる。ありがとう！」。

これだけ言っても「ありがとう」が多すぎてウザい、と思う男性はいないはずです。むしろ「こんなに喜んでくれるなんて嬉しいなぁ」と、自分のエスコート力に自信を深め、自尊心が満たされることでしょう。それが「この人と一緒にいると楽しいな」という気持ちへとつながっていくわけです。

**【彼の心を動かす感謝の伝え方】**

×「ありがとう（別れ際に一言）」

○「～～してくれて（彼がしてくれたこと）嬉しい！（あなたの気持ち）＋ありがとう！」
＋にっこり笑顔

## 普段から〝お礼グセ〟をつけておきましょう

食事に限らず、相手に何かしてもらったら、最低でも3回は感謝の気持ちを言葉に変えて明確に伝えたいもの。それくらいで、ようやく男性は「〝ありがとう〟と言ってもらえた。彼女は気遣いのできる、優しい女性だ」と感じてくれるのです。

普段できていないことが、デートで突如できるはずもありません。「ありがとう」という言葉を使うハードルが高くなっている人は、日常生活で「ありがとう」の〝言いグセ〟

をつけておくことをおすすめします。

コンビニで、店員さんが会計した商品を渡してくれたら「ありがとう」。オフィスで同僚がボールペンを貸してくれたら「ありがとう」。ランチを食べに出かけて店員さんがメニューと水を入れたコップを運んできたら「ありがとう」。

「コンビニでいちいちお礼を言う必要はない」とか、「店員がメニューと水を持ってくるのは当然の仕事。感謝するような場面ではない」ということはけっしてありません。私は父にかつて、高速道路の料金所でも「ありがとうございます。ご苦労さまです」と言いなさい、としつけられました。今はETCなのでそんな機会はないですが、コンビニやレストランでも同じだと思います。

他人がしてくれたことに対して、笑顔と一緒に「ありがとう」と感謝を伝えるのは、社会生活を営むうえで当然のマナー。日頃から「ありがとう」の〝言いグセ〟をつけておけば、自然と彼にも心を込めて感謝を伝えられるようになるはずです。

# 感謝を〝形〟で表すことも大事です

感謝は言葉だけでなく、贈り物という形にして示すこともできます。「ありがとう」が足りずに破談したF子さんも、「いつもネクタイ姿なので、今日はネクタイピンのプレゼントを持ってきました」などと小さな贈り物をする気遣いがあれば、状況は変わっていた可能性もあります。

ある別の会員さんは、F子さんより感謝の気持ちは上手に伝えていたようでしたが、デート代はすべて彼持ち。話を聞いた時点で、デート代は合計15～16万円になっていました。毎回「ここは私が……」と言っても、彼が一切受け取ってくれなかったというのです。

その事実を告白した彼女が、「そろそろ真剣交際に進みたいです」と言ってきたので、私は「本来ならフラれても文句は言えないよ。お金を受け取らないのは、男の見栄。その気持ちを傷つけないように、何かプレゼントで感謝の気持ちを伝えましょう」とアドバイスしました。

彼をすっかり気に入っていた彼女は、ちょうどクリスマス間近だったこともあり、慌ててカシミア100％のマフラーと、車好きの彼のために某有名ブランドのキーケースをイニシャル入りで準備。もちろん「毎回ご馳走してもらって、ありがとうございます」という感謝の言葉もあらためて添えて、クリスマスにプレゼントしました。それが功を奏したのか、ほどなく真剣交際に入り、結婚までこぎ着けたのです。

もちろん感謝の形は、必ずしも高級なプレゼントである必要はありません。ご馳走してもらったら次に会うときに、チョコレートやマカロンを持っていく、お酒が好きな人だったらチーズのセットを持っていく。そんな小さなギフトだって、彼の心をつかむには十分です。

「婚活の壁」を越えられない勘違い

NG

「自分の気持ちはちゃんと伝えたほうがいいわよね」

UEKUSA ADVICE
植草アドバイス

## 12

「好き」と言ったらおしまいよ。
「好き」は自分からでなく、相手に言わせなさい。

## 「好き」と相手に言わせるコツ、あります

お互いに相手を「好き」という気持ちがなければ、結婚には至りません。これは事実です。ただし、相手に「好き」「好き」「好き」と伝えすぎていても、結婚には至りません。これもまた事実なのです。

婚活では、ライバルたちとの競争が熾烈。条件のよい男性は、多くのライバルとの取り合いになります。その婚活市場で、交際の早い段階から「好き」と繰り返し言葉に出しているとすれば、それは自分で自分の市場価値を下げてしまうことになるのです。

結婚相談所を通した婚活では、仮交際中は、男性も女性も複数の相手と同時進行で付き合っています。そこで私が、「A子さんはどうですか?」と水を向けてみると、多くの男性はこんな返事をしてくるのです。「A子は毎回『好き』とか『会いたい』とか言ってきます。それよりも、まだ何も言ってくれないB子さんやC子さんの気持ちが気になります」。

結婚をリアルに捉えている男性は、どうあがいても手に入らない高嶺の花を追うような

ムダなマネはしません。ですが、すぐに手に入る路傍の花では物足りないもの。女性の戦略としては、男性が〝頑張れば手に入る高嶺の花〟を目指すのが正しいと私は思います。

市場価値を高めて高嶺の花でいるためには、安易に「好き」という言葉を口にしてはいけません。相手に「彼女、自分のこと、どう思ってるのかなぁ」と思わせるくらいがちょうどよいのです。これは、相手を1人に絞る心が決まっていない男性をターゲットにしたセルフ婚活でも同じです。

結婚を視野に入れた交際に進むうえで理想的なのは、自分からは「好き」と一切言わないのに、相手から「好き」と言われること。

そのために大事なのは、何だと思いますか？

シンプルに言うなら、それは「また会いたい」と相手に思わせることです。「また会いたい」と思わせるコツは、何も特別なことではありません。相手に「感じがいい」と思ってもらえたら、それでＯＫ。つまり「彼女は感じがいい。会っていると気分がいい。また会いたい」と思ってもらうことが肝心なのです。

ならば、相手に「感じがいい」「彼女と会っていると気分がいい」と思ってもらえるためには、どうしたらいいのでしょうか。

そこに、目からウロコが落ちるようなコツはありません。あえて挙げるなら①基本的なマナーを守る、②相手を肯定する・褒める、③愛あるダメ出しをする。この3点です。

## 【相手に「好き」と言わせるコツ】

### ①基本的なマナーを守る

具体的には、時間を守る、身だしなみを整える、相手を尊重するといった事柄です。「そんなの当たり前でしょ！」と思うかもしれませんが、30～40代の大人の女性でも、それがきちんとできる人は少数派です。

たとえば相手が遅刻してきたら、責めるのではなく、「いいよ、いいよ。私だって遅刻することもあるし。それより、忙しいのに来てくれたのが嬉しい」と伝えましょう。

### ②相手を肯定する・褒める

「感じがいい」と思われるうえで、もっとも重要なポイントです。

言うまでもなく、人間の心の奥底には、他人から認められたい、否定されたくないという「承認欲求」があります。

ですから、自分を否定的に捉える人を、「感じがいい」と思う人は誰もいません。相手を肯定する、褒めるのは、婚活の基本中の基本なのです。

「あの人には何も褒めるところがない」なんて言わないこと。そこは減点主義ではなく、よいところに目を向ける加点主義でいきましょう（アドバイス21参照）。

たとえば、デートの際、約束した時刻ぴったりに男性が現れたら、「あ、ちゃんと時間通りに来たね。エラい、エラいッ！」と全力で褒めてください。

時間を守るのは社会人としてはフツーですが、時間通りに来るだけでも、全身全霊を込めてベタ褒めしていいのです。このように、相手への期待値をうんと下げるのが、「感じがいい」と思ってもらえる秘訣です。

褒められた男性は、「約束した時間通りに来ただけなのに」と意外に思うでしょうが、それでも女性から全力で褒められると「え、1分前でギリギリ滑り込みセーフだけど、エラかった？」とまんざらではないはず。そこで、すかさず「エラいよー。だって仕事が忙しいのに。これで3時からのアフタヌーンティ、いちばん乗りできそうだね。1日10組だけの限定セットを頼みたかったから嬉しい！」とダメ押ししましょう。

対照的に、「私だって忙しいのに15分前に来た。1分前に滑り込みセーフってどういうこと？」などと不満に感じてしまうと、2人の関係は紛糾します（アドバイス18参照）。

言うまでもなく、婚活における男女関係で、どちらが上かを示す「マウンティング」は不要。年齢、年収、学歴にかかわらず、男女はどこまでも対等だからです。お互いが対等だという出発点に立ち、そこから関係を深めていけるカップルが結婚に至るのです。

### ③愛あるダメ出しをする

面倒な話ですが、何でも褒め倒されて、肯定され続けていると、今度はありがたみを感じてもらえなくなります。ときには、ダメなものはダメとわかりやすく伝えることも大切です。もちろん相手を全否定するのではなく、可愛く愛あるダメ出しをするのです。

その際のポイントは、相手（You）を主語にした「ユー・メッセージ」ではなく、自分（I）を主語にした「アイ・メッセージ」でコミュニケーションを図ることです。

またデートの待ち合わせを例に取ると、「あなた、遅刻しちゃダメじゃない！」は、〝あなた〟が主語だからユー・メッセージ。言われたほうには、ダメ出しされた感が強くなります。一方、「約束の時間に来ないと、途中で何か悪いことでもあったのかと思って、私は心配になってしまうの」というのは、〝私〟が主語ですから「アイ・メッセージ」です。

「アイ・メッセージ」で言われたほうが、自分の気持ちに寄り添ってもらえていると実感できて心に響きます。「彼女を不安にさせたくないから、次は絶対に遅刻しないように気をつけよう。彼女は感じがいいな。また会いたい」と自然に思ってもらえるのです。

「婚活の壁」を越えられない勘違い

「デートには、素敵な彼に見合う
ブランドバッグを身に着けて行ってます」

UEKUSA ADVICE
植草アドバイス
13

〝お金のかかる女〟
認定されたら
アウトだからね。

# 本気デートにはブランドバッグは封印して

婚活に真剣モードなら、デートにハイブランドのバッグを持っていくのはやめることです。とくに、エルメス、シャネルのようなラグジュアリーブランドの100万円を超えるようなバッグは、どんなにお気に入りだとしても自宅待機要員にしてください。服や靴やちょっとしたアクセサリーなら、パッと見ではどこのブランドかは男性にはわからないもの。ところが、ブランドバッグは人目を引くロゴ入りなので、ブランドに疎い人でも一目でそれとわかります。

どうしてもブランドバッグを持ちたいなら、「頑張ってボーナスで買ったの！」と言えるくらいのブランド、具体的にはルイ・ヴィトン、プラダ、フェラガモあたりのバッグに留めておきましょう。

ラグジュアリーブランドを見せびらかす相手は、女友達で十分。独身時代、女子会へ持っていって自慢するのは構いませんが、婚活中のお見合いやデートに持参すると、相手の男性から「お金のかかる女だな」という烙印を押されて大減点となります。

どんなにお金持ちの男性でも、あえて「お金のかかる女」を選ぼうとはしないもの。まして や普通のサラリーマンなら、なおさらです。

とくに、20代女性が、自身の稼ぎだけでは背伸びしても買えないようなラグジュアリーブランドのバッグを持っていると、「ひょっとして隠れてパパ活でもしている?」とあらぬ疑いの目を向けられてもおかしくありません。


「高収入の男性とのデートだったから、見合うようにラグジュアリーなバッグを持っていったんです」といった言い訳をする女性もいます。けれど、高収入の男性ほど、お金を稼ぐ大変さが身に染みていますから、年齢や雰囲気に見合わないブランド品を身に着けているとシビアな目で見られてしまいます。

単なる遊びの恋愛なら、彼女がどんなブランド品を身に着けていても、彼氏は気にしないでしょう。「自分の彼女はお洒落でイケてる」と自慢したくなるかもしれません。

けれど、結婚とは生活そのもの。ラグジュアリーなブランド品は生活必需品ではありません。頑張れば自分の稼ぎで買えるようなブランドならまだしも、明らかに男性の稼ぎに期待しているようなブランド品を欲しがる女性だと思われたら、男性が「結婚後はオレが高いバッグを買わされるんだな」と勘繰ってもムリはありません。それではアウトです。

バッグ以外で「お金のかかる女」と認定される恐れがあるのは、①外食、②旅行、③タクシーの多用。この3つです。

まずは、外食。デートでは、「美味しいレストランをご存じですか？」といった会話になることもあるでしょう。そこで「東京の三ツ星レストランは、全部制覇しました」などとは、それが事実でも口が裂けても言わないこと。

「月一回は星付きレストランで外食しています」などと聞いたら、男性は「その調子では家計が破綻してしまうな」と思うに違いありません。好きなお店を聞かれたら、挙げるのは高くてもランチで3000円、ディナーで1万円くらいのお店にしたいもの。女友達と毎月のように5000円超えのランチを楽しむ機会があるとしても、事実をすべて伝える必要はありません。

仮に、男性の年収が500万円なのに、女性の年収がその2倍の1000万円だったとします。結婚してから夫婦で外食するなら、男性の年収に見合うところで食べて、独身時代からの楽しみだったご褒美&贅沢ランチは、女友達とこっそり楽しめばいいのです。

次は、旅行。「旅行するならどこへ行きたい？」という話になったとき「ビジネスクラスでハワイに行きたい！」などと言うのは絶対NG。コロナ禍前の話になりますが、37歳のOLさんが「海外旅行はいつもビジネスクラスです」と正直に話してしまい、成婚寸前までいっていたのに破談したケースもあります。

よくよく話を聞いてみると、彼女はマイレージをせっせと貯めて、アップグレードでビジネスクラスに乗っていたようです。けれど、そうした事情を端折《はしょ》って楽しそうに語ってしまったため、お金のかかる〝ビジネスクラス女〟と誤解されたのです。

私の知り合いの開業医で年収3億円のドクターには、海外旅行はつねにエコノミークラスという方もいます。このドクターは「飛行機は安全に目的地まで飛んでくれたら、それでいい。道中の数時間にムダなお金を使うくらいなら、そのお金を使って現地で美味しいものを食べたり、好きなものを買ったりしたほうがずっといい」と言うのです。彼のように考える男性は案外多いでしょう。

好きな旅先を聞かれたときの正解は、「フラが好きなので、いつか本場のハワイでレッスンを受けてみたいです」とか、「イスラムの文化に興味があるので、いちばん身近なイスラム国家のマレーシアでその片鱗を味わってみたいです」といった返事です。

ありきたりなグルメやショッピングではなく、その土地や国の文化に惹かれて興味を持っていると伝われば、相手はそんなあなたに興味津々になるはず。飛行機の席のグレードや好んで泊まるホテル名を出す必要はないのです。

最後は、タクシーの多用。仕事などでタクシーを使わないといけないシーンもあるでしょうが、デートでタクシーを多用するのは考えもの。できるだけ、バスや電車などの公共交通機関を利用しましょう。

27歳の社長秘書のA子さんは、最初のデートの直前に社長からの急な頼みごとがあり、「30分遅刻します！」という連絡を相手の32歳歯科医の彼に入れました。そして30分後、タクシーで颯爽《さっそう》とデート場所に現れました。

彼は「遅刻したから、タクシーで急いで来てくれたんだな」と納得しましたが、彼女はデート帰りもタクシーで帰っていったのです。

2回目のデートでも、待ち合わせ時刻のギリギリにタクシーで駆けつけたA子さんを目の当たりにして、彼は「この女性とはこれ以上ムリだ」と判断。交際終了に至りました。

ピンチにタクシーは便利なのですが、いつどこへ行くにもタクシー移動しているのは、「お金のかかる女」と思われても仕方ないでしょう。

NG

「婚活の壁」を越えられない勘違い

## 「女だからって男に甘えるのは、ちょっとね……」

UEKUSA ADVICE
植草アドバイス

14

## プライドは捨てて、上手に甘える方法を見つけなさい。

# 小さな願いごとでアピールして

バリキャリ女性に多いのですが、男性に甘えるのがどうしても苦手、という人がいます。男女問わず、いざとなれば何でも1人でこなせるという強さは、素敵です。覚悟さえあれば1人で幸せになることだってできます。けれど、結婚したいと思って婚活しているのならば、上手に甘えられたほうがいいのは確かです。

男女平等・同権は大前提。ですが、違うところも多々あるのが男と女です。男性は、人によって程度の差こそあれ基本的に「彼女に頼られたい」「彼女を守ってあげたい」生き物。「この私が、なぜ男性に甘えなければならないの?」というスタンスでいると、「何でも1人でこなせるなら、自分に用はないのかなぁ」と思われても仕方ありません。

バリキャリ女性が仕事中、同僚や部下の男性に甘えられないのは当然でしょう。けれど、仕事モードの常識や人格をそのままデートに持ち込む必要はありません。デートになったら突如キャラ変して、男性に上手に甘えられる女性になってもいいと思います。そのほうが婚活市場では断然有利なのです。そこは戦略的にいきましょう。

「いきなりキャラ変はムリ！」という人も、意中の男性に「小さなお願いごと」をしてみることを意識します。古典的な方法ですが、男性は頼られると嬉しいもの。「守ってあげたいな」という本能がくすぐられるでしょう。

「これできな〜い！」

「これわからな〜い！」

「これ教えて〜！」

「これ以上歩けな〜い！」

これくらいの小さなお願いごとは、男性に迷わずしていいと私は思っています。多少の演技も交えながら、もっと甘え上手になってください。頼られた男性は自尊心をくすぐられますから、悪い気はしないはずです。


それでもプライドが邪魔をするのか、「できない」「わからない」と言うことが、どうしてもできない女性もいます。そうすると、デート中に互いの仕事の話に終始するばかりで一向に男女の仲が深まらない、というケースも。それだけならまだしも、同じような業界の相手だと、張り合ってみたり、仕事に関する意見が決裂して即座に交際終了になったりという残念すぎるパターンもあります。デートはライバルと競い合うプレゼンの場でもなければ、ブレストの場でもないはずなのですが。

バリキャリにもかかわらず、可愛い甘え上手だったおかげで、意中の人をトントン拍子に射止めた人もいます。大学の法学部在学中に一発で司法試験をパスし、望みを叶えて裁判官になったA子さんは、結婚を意識し始めた35歳でマリーミーに入会しました。彼女の希望条件は同世代であること。裁判官で本人の年収が高めだったこともあり、男性の年収に強いこだわりはありませんでした。

スポーツマンタイプが好みだという彼女にマッチングした男性は、ホテルマンの33歳。高校から大学までラグビー選手で、今でも休日にはラグビーに汗を流していました。

2人が成婚したきっかけは、真夏の花火大会でした。

デートで久しぶりに花火を見るというので、気合いを入れて浴衣を着て来た彼女。A子さんは、普段の仕事帰りのデート時は凜々しいスーツ姿。そんないつもの姿とのギャップがあり、2歳年下の彼はその時点で心動かされていたようです。そして履き慣れない下駄の鼻緒で素足の指の皮が剝けてしまい、「痛くて歩けな〜い!」というSOSを出して彼の肩に触れた彼女に、完全にノックアウト。彼女のほうも、近所のコンビニへと猛ダッシュで絆創膏を買いに走ってくれた彼の優しさに大いに心を動かされたとのこと。ほどなくして成婚に至りました。

ただし許されるのはあくまでも「小さな」お願いごと。絆創膏のような可愛いお願いごとです。相手の状況への想像力に欠けた自己チュー的おねだりとなると、話は別になります。

30歳のアパレル販売員のLさんは、おねだりの度が過ぎて、36歳のコンサルタントの男性に婚約破棄されてしまいました。

無事プロポーズされ、お互いの実家への挨拶が終わり、彼と2人で婚約指輪を買いにお目当てのジュエリーショップに向かったLさん。当初の予算は60万円。ところがショップの店員もビジネスですから、初めに伝えた予算よりやや高めのものを上手にすすめてくれます。あれこれ見ているうちに、「これ可愛い」「こっちもいいな」とどんどん値段が跳ね上がり、気づいたら予算の2倍、120万円の指輪を彼女は指差していました。デートの後、男性から泣きの電話が入って事態が発覚。予算を大きく超えていたら、男性側も「それはムリ！」と言えばいいのに、喜んでいる彼女や店員さんの手前、見栄を張りたくなったのでしょう。

彼女にことの次第を問いただしたところ「彼が『いいよ』って言ってくれたので、甘えちゃいました」と反省しましたが、後の祭りでした。

婚約指輪に限って言うなら、私の経験上、男性がOKしてくれるのは当初予算の1・5倍くらいまで。それを超えるような自己チュー的おねだりは、不発で逆効果に終わると覚悟したほうがいいでしょう。

NG

「婚活の壁」を越えられない勘違い

「男だって甘えたいときはあるわよね。
たまにはママになったつもりで相手してあげなきゃね」

UEKUSA ADVICE
植草アドバイス
15

マザコン男子の前でも、
〝お母さん〟に
なってはダメよ。

# 〝お母さんタイプ〟は結婚相手にはなれません

1人っ子世帯が増えて、たった1人の息子に愛情を注ぐ母親が増えるにつれて、婚活市場でもマザコン男子が目立つようになりました。

一方、女子にも、男性に対して母親のように接するタイプがいます。「それならマザコン男子と相性がいいのでは?」と思うなかれ。あれこれ世話を焼いては、相手のワガママを何でもかんでも受け入れて、無償の愛を注いだ挙句、フラれてしまうケースが後を絶たないのです。

なぜなら、お母さんタイプなら、自分の母親と同じように何でも許してくれるだろうとマザコン男子から軽んじられるため。単なるキープへと格下げとなり、安心しきったマザコン男子は、新たなお母さんタイプを探し始めるのです。

総合病院の麻酔科に勤務するJ子さんも、そんな失敗を重ねた婚活女子の1人でした。彼女は33歳。医師だけに、年収は1500万円ほどと高収入でした。年齢的にも若くて婚活市場では引っ張りダコでもおかしくないのですが、入会して半年経っても成婚の気配がありません。彼女の欠点はすぐに〝お母さん〟になってしまうことだったのです。

彼女には、真剣交際に至ったお気に入りの35歳の開業医がいました。同じく医師だった母親のすすめで医師を志したというマザコン男子です。

交際開始早々、「おうちデート」ではエプロン持参で自宅へと上がり込み、忙しくて外食が多い彼のために、1週間分のヘルシー料理の作り置きを始めました。J子さんは料理上手だったのです。

それだけでは終わらず、隅々まで掃除機をかけてから、彼の自宅を半ば勝手に断捨離。不要なガラクタや着なくなった古い服をゴミ袋6つ分も捨て去り、「これでOK。どう？　スッキリしたでしょ」とドヤ顔です。彼女にしてみれば、疑似夫婦のような体験をするのは楽しかったのでしょう。

彼も、遅く帰っても冷蔵庫に作り置きがあり、部屋がキレイになったのは嬉しかったのですが、その後も世話を焼かれ続けたため、J子さんがお母さんにしか思えなくなり、あえなく交際終了を宣言しました。

今度こそ結婚する気満々だったので、J子さんはひどく落ち込み、見ていてこちらが気の毒に思えるほどでした。

そこで私は、「たまには美味しいものでも食べましょうよ」と、彼女を東京・六本木のちょっぴり高級なお寿司屋さんへと誘いました。お店選びには、私なりの計算がありました。六本木の名の知れたお寿司屋さんには、いわゆるパパ活女子とお金持ち男性のカップルも少なくありません。でも、そのお店には何度か足を運んだことがあり、仲のよい夫婦や結婚前提のカップルが多い〝健全〟なところだとリサーチ済みでした。

2人でお寿司をつまみ、幸せそうな夫婦やカップルを眺めながら、私は「男女は対等な存在でしょ。夫婦も対等だよね。だから、女性がお母さんのように無償の愛を注いだり、男性側もそれを『苦しゅうない』と思い、女性をお手伝いさんのように扱ったりしていいわけがないよね」という話をしました。

彼女が深くうなずいてくれたので、さらに「あなたは、すべて彼のためだと思ってやっていたことでお母さんのような存在になり、それが破談の引き金を引いたのよ」と指摘すると、涙目になりながら、わかってくれました。

このお寿司ミーティングからしばらくして、J子さんは5歳年上の公認会計士と真剣交際へ。今度は、奥さん・お母さん的な振る舞いも封印。料理上手で家庭的な彼女に惚れた彼から早々にプロポーズがあり、長野・軽井沢で結婚式を挙げることができました。

NG

「婚活の壁」を越えられない勘違い

## 「男って結局自分を立ててほしいんだから、合わせておけば間違いないんでしょ」

UEKUSA ADVICE

植草アドバイス

16

## もっとワガママな女におなりなさい。

郵便はがき

料金受取人払郵便

小石川局承認

1105

差出有効期間
2024年6月27
日まで
切手をはらずに
お出しください

112-8731

東京都文京区音羽二丁目
十二番二十一号

講談社エディトリアル 行

| ご住所 | □□□-□□□□ | | |
|---|---|---|---|
| | | | |
| (フリガナ)<br>お名前 | | 男・女 | 歳 |
| ご職業 | 1. 会社員　2. 会社役員　3. 公務員　4. 商工自営　5. 飲食業　6. 農林漁業　7. 教職員<br>8. 学生　9. 自由業　10. 主婦　11. その他（　　） | | |
| お買い上げの書店名 | 市<br>区<br>町 | | 書店 |

このアンケートのお答えを、小社の広告などに使用させていただく場合がありますが、よろしいでしょうか？　いずれかに○をおつけください。

【 可　　不可　　匿名なら可 】

＊ご記入いただいた個人情報は、上記の目的以外には使用いたしません。

TY 000015-2205

## 愛読者カード

今後の出版企画の参考にいたしたく、ご記入のうえご投函くださいますようお願いいたします。

| 本のタイトルをお書きください。 |
|---|
| |

### a 本書をどこでお知りになりましたか。

1. 新聞広告（朝、読、毎、日経、産経、他）　2. 書店で実物を見て
3. 雑誌（雑誌名　　　　）　4. 人にすすめられて
5. 書評（媒体名　　　　）　6. Web
7. その他（　　　　）

### b 本書をご購入いただいた動機をお聞かせください。

### c 本書についてのご意見・ご感想をお聞かせください。

### d 今後の書籍の出版で、どのような企画をお望みでしょうか。興味のあるテーマや著者についてお聞かせください。

ご協力ありがとうございました。

# 上手なワガママを言えるようになりましょう

婚活や恋愛で大事なのは、相手に合わせること。男性の言うことを立てておけば間違いない。——そう勘違いしている女性も少なくないようです。

断言しましょう。婚活で自己主張しなさすぎると、理想の結婚はできません。

本書をここまで読んできた方からは、「だって、上から目線で相手にダメ出しするのはダメなんでしょ?」「身の丈に合わないおねだりをする女はダメなんですよね?」という声が聞こえてきそうですが、それは当たり前。婚活であろうとどんな人間関係でも、相手に配慮した最低限のマナーは守るのが当然です。

ここで伝えたいのは、単なる自己チューで相手を振り回すことと、自分の意思を主張することはまったく別ですよ、ということです。相手に伝わる可愛い自己主張は、「上手なワガママ」。可愛い自己主張、上手なワガママなら、どんどん伝えたほうがいいのです。

「どこに行きたい?」と聞かれたら「どこでもいい」。「何を食べたい?」と聞かれても「お任せします」。これでは自己主張がなさすぎです。相手に合わせてあげているようでいて、男性からしてみたら本音が見えず、どう扱っていいか困ってしまうだけ。現役バリバリで働いている男性には、これといった自己主張のない女性が物足りなく映ることも。

挙句、男性が決めたイタリアンでご馳走してもらったのち「あのパスタ、イマイチだったね」なんて言ったりするのは最悪。最初に自己主張しないで後から文句をつけるのはナシです。男性からしたら「何様だよ。じゃ、自分で決めろよ」というところでしょう。

今度は「本音を言えるくらいじゃないと結婚なんてできないのでは」という声が聞こえてきそうですが、同じ本音を伝えるにしても、言い方を少し変えるだけで、相手に与える印象はガラリと変わります。頭に浮かんだことをそのままストレートに伝えるのは、子どもがすること。「上手なワガママ」と「自己チュー」は紙一重です。

では「上手なワガママ」と「自己チュー」の境界線は、どこにあるのでしょうか。それは、相手の気持ちや予算、状況といったバックグラウンドを考えてから伝えているか、それともただひたすら"I want"の主張になっているか。この違いです。

## 【上手なワガママの伝え方】

彼「今度のデートで何食べたい？」
×あなた「なんでもいい。任せる！」
×あなた「●●●（超高級店の名前）の3万円のコースがいいな」
○あなた「お魚が食べたいな。和食、それかお寿司ってどう？」
○あなた「お肉大好き！　焼肉かステーキの美味しい店知ってる？」

こんなふうに「これが好き」「これが食べたい」「ここに行きたい」という自分の意思や気持ちはしっかり伝える。そのうえで、選択肢は2つ3つ用意しておいて、最終的には男性に選択させる。そうすると、女性は自分の好きなものが食べられて、男性は自分が選んでリードした、と自尊心が満たされる、というお互いに満足度の高いデートになるわけです。

たとえば、彼から「この後は、何を食べたい？」と聞かれたとします。そこで「昨日、家族とお寿司を食べたので、今晩は海鮮系でないものが食べたいな。もしもあなたがよかったら、お肉がいいかな」というのは、可愛いワガママです。相手が納得できる理由をちゃんと伝えていますし、押し付けるニュアンスを交えずに自分の希望を伝えているからです。

一方、同じ問いかけをされた際、「今夜はお肉がいい！　ＴＶで見たお店の希少部位を網羅した2万円のコースを食べてみたいの」というのは、同じ「お肉を食べたい」と言っているようでいて、相手のお財布というバックグラウンドを考えていない可愛げのない自己チューです。

また「土曜日仕事入っちゃったんだけど、なるべく早く切り上げるから美味しいもの食べに行こうよ。どこに行きたい？」と聞かれたとします。そうしたら、彼の仕事はどこで終わるのか確認し、「品川で終わるのね。じゃあ、あなたの家との間を取って恵比寿あたりでどうかな。気になってたお店がいくつかあって、行ってみたかったの！　●●っていうフレンチビストロと、○○っていうイタリアンと……」というのは可愛いワガママです。彼が仕事帰りで疲れているかもしれないという状況を考えず「横浜にすごく美味しいイタリアンがあるって友達にすすめられて、今度のお休みは絶対行きたかったの！　仕事が終わったら迎えに来てね」というのは単なる自己チューだというのはわかりますね。

自分のワガママを上手に伝えて、年収１５００万円のエリート外資系コンサルの心をつかんだ女性もいます。

彼女はCAのK子さん。「デートにどこに行きたい？」と聞かれて、彼女が希望したのは、家電量販店でした。

空を飛び回る彼女は、休日に買い物に出かける時間がなかなかありませんが、そのとき、ちょうど美顔器が欲しいと思っていたのです。「美顔器をネットで買うのはちょっと不安なの。手に取って比べてみたいから、新宿の家電量販店に付き合ってくれないかしら」と素直に提案したのです。デートをする時間を作るのも難しいCAという仕事柄、デートのついでに自分の予定を片付けるようにプランニングするというちゃっかりワザです。「お任せします」女子が多いなか、しっかり自分の希望を主張するK子さんが、コンサルくんには新鮮に感じられました。K子さんは「家電選びに付き合ってもらうお礼に、ランチは私にご馳走させてね。和洋中で1店ずつ、同僚にすすめてもらったレストランの情報を後でLINEするから、選んでみて」と彼を気遣う提案も忘れませんでした。

K子さんの上手なワガママは続きます。彼が「仕事でシェアリングエコノミーを調査している」と言い出したところ、「今度のデートは、ちょっと足を延ばしてカーシェアリングで行ってみない？　たとえば鎌倉とか江の島とか。私はお酒は飲まないのでハンドルキーパーになるから、あなたは夕ご飯でお酒を楽しんでいいわよ」という型破りなデートを提案。彼女はもともと江の島に行ってみたかったのです。
彼女はこんなワガママデートで彼のハートをがっちりつかみ、3ヵ月で成婚に至りました。

**【上手なワガママの伝え方・上級編】**

**①相手の状況（スケジュール・予算・体調etc.……）を思いやったうえで**
**②いくつかの選択肢を提案しつつ**
**③そこにちゃっかり自分の主張を紛れ込ませる。**

後から文句を言うより、上手に自分の希望を通して、彼との時間を楽しく過ごす。そんなふうに、スマートに可愛くワガママを言える女性がモテる時代なのです。可愛い自己主張、可愛いワガママはどんどん言ってください。

# CHAPTER 03

# 「理想の相手が見つからない」の壁

「婚活の壁」を越えられない勘違い

NG

## 「デートで割り勘なんてありえないんですけど！」

UEKUSA ADVICE
植草アドバイス

17

## 男性はご馳走するのが当たり前？おごられるだけの女になっちゃダメよ。

# 「デート代は彼持ちが当たり前」は危険です

「だってデートでご馳走してくれないんです」

交際を終了する理由として、割り勘にさせられたことを不満げに訴える女性がたくさんいます。そんな彼女たちも、職場や社会はもちろん、家庭では男女平等・同権が当たり前だと考えている様子。私も、そうあるべきだと思います。ただ、男女平等・同権を支持する一方で、デート代は男がおごるべきだと主張するのはムシがよすぎるというものです。

日本ではまだまだ男女の賃金格差がありますが、それでも婚活女子の親世代の頃と比べてみると、女性の賃金は着実に上がってきています。一方で、日本経済の低迷を背景に、男性の賃金は長らく上がっていません。「デート代は男性が黙って払うべし」というのは、昭和時代の古い価値観といえるでしょう。

ちなみに日本結婚相談所連盟（ＩＢＪ）と日本ブライダル連盟（ＢＩＵ）では、最初のお見合いのみ男性が支払う、というルールを定めています。ルールを決めないと、支払いでもめるケースがあるからです。ただし仮交際に入ったら、デートの支払いは2人に任せています。年の差、年収の差がある場合は、男性が払うケースが多くなりますが、そうはいってても黙って毎回払ってくれる男性は多くありません。仮交際期間中は、同時に複数のお相手とデートをするので、男性がいつもご馳走していては支払いきれないからです。

これは結婚相談所を介したデートのケースですが、では通常の恋愛なら「彼っていつもおごってくれて包容力あるの♡」と、毎回疑問に思わずおごられっぱなしでいいのでしょうか？　たいていの男性は、余裕を見せて支払いつつも内心では、「女性も少し出してくれたら嬉しいのに」と思っているもの。多くの男性は格好をつけたいから、見栄を張ってお金を出しているだけ。そこを忖度する優しさを持ってほしいのです。

大切なのは、男性の金銭的な負担を減らすことだけではありません。「だって彼、私よりずっと収入があるから」というのも関係ありません。「ここは私に半分払わせて」とか「今日はご馳走になります。ただ、次は私にご馳走させてね」と自然に言えるかどうかが運命の分かれ道なのです。これが言えると、男性は、毎回おごってもらって平然としている女性よりもあなたのことを「思いやりと気遣いがあるなぁ」と感じます。そんなあなたに彼は惹かれるのです。

毎回、値段の張るディナーをさり気なく要求しているのに、自分は1円も払いたくない、という態度なら、彼の収入にかかわらずフラれても文句は言えないでしょう。

そんな男心に気づかない美容部員のAさんは、デート代を一切払わず、プロポーズ寸前までいった強者。相手は警察官でした。ともに30代半ばです。

警察官は安定した職業である一方で、治安を守る重要な仕事なのにもかかわらず高給取りとは言えません。毎度デート代を支払うのは大変だったでしょう。

12月に入り、Aさんは私に、「クリスマスイブのデートで、たぶんプロポーズされると思います」と自信満々に告げてきました。

そのときに初めて、これまで彼女がデート代を1円も払っていなかった新事実を私に告白。それを聞いた私は、「プロポーズなんてとんでもない。クリスマスイブに破談になってもおかしくない」と焦りましたが、ときはすでに遅し。

しかも、彼女は「年末商戦が例年以上の活況で忙しかった」という身勝手な理由で、クリスマスプレゼントも持たずに、手ぶらでデート場所へ赴いたのです（彼はもちろん素敵なプレゼントを用意していました）。この〝手ぶらイブ〟が決定打となり、私の予感通り、2人は破談になってしまいました。

# 植草流・ポチ袋活用法

かといって、お会計時に「私、半分出しますから」とお財布を出しても、「いやいや、いいよ」と見栄を張ってしまうのが男心。そんな男心に配慮しつつ、会計のときにスマートに支払う方法として、私はポチ袋（小さなご祝儀袋）の活用をすすめています。

ポチ袋はデート前に3種類用意。それぞれに3000円、5000円、1万円をあらかじめ入れておきます。

その日のデート代を踏まえて、「今日はお酒も飲んでないし、たぶん支払いは8000円までいかないくらいだから、3000円でいいかな」とか、「今夜のお会計は2万円以上になるだろうから、1万円は出さないと」などと自分なりに予測します。

そして、お会計を済ませた彼に「ご馳走さまでした。ほんの気持ちだけど」と言って、サッとポチ袋を渡すのです。会計時に現金をやり取りするよりこのほうがずっとずっとスマートです。事前にポチ袋を用意していた気遣いに、男性は感激するに違いありません。

ここで登場するのは、30歳のカフェ店員のC子さん。交際開始から3ヵ月で、4歳年上の年収800万円のSEと結婚しました。彼に「彼女のどこがいちばん気に入ったの？」と聞いてみたら、「これまでの女性はみんなおごられて当たり前のような顔をしていましたが、彼女だけがデートはずっと割り勘。奮発して東京ディズニーランドに行ったときも、1円単位まで割り勘にしてくれました。それが新鮮で、こんな堅実な彼女となら、いい家庭が築けるに違いないと思ったのです」という答えが返ってきました。

C子さんは、お母さんが経営しているカフェで週3回だけシフトに入るという働き方で、年収は100万円程度しかありませんでした。彼はプロフィールでC子さんの年収を知っていたので、「それでも割り勘にしてくれるなんて」と余計に感激してくれたのでしょう。お母さんは経営者ですから、C子さんはお金の大切さをその背中で学んでいたに違いありません。だから、どんな少額でも、自然と割り勘にしようと思えたのでしょう。

仮に、男性の年収が3000万円で、女性の年収が10分の1の300万円だとしても、男性が毎回おごるのが当然、という考えはあらためたほうがいいと思います。婚活ではデート代こそ男女平等・同権でありたいものです。

「婚活の壁」を越えられない勘違い

「デートに遅刻してくるなんて、
ありえない！」

UEKUSA ADVICE
植草アドバイス

18

相手にダメ出しする前に、
その背景を考える
想像力を持ちなさい。

# そのダメ出し、必要ですか？

「聞いてください。彼が大事なデートに遅刻してきたんですよ！」
そう訴えてくる女性会員さんは多いものです。自分が大切に扱われていない、とプライドが傷つけられるからでしょうか。「次はない」ときっぱり言い切る女性もいます。

遅刻は問題ですが、よくよく話を聞いてみると「待ち合わせの場所に自分よりも遅く来た＝遅刻」と勘違いしているパターンが大半。夕方6時の待ち合わせに、自分が15分前に着いたとします。相手の男性が、「ごめん、ごめん。お待たせしました！」と、約束の時刻の1分前に現れたとしても、「私を15分近くも待たせた。許せない！」と思ってしまうのです。

このケースでは、男性はちゃんと約束の時刻の1分前に到着しているのですから、遅刻ではありません。男性に落ち度も悪気もありませんし、彼女が15分前に着いて待っていたなんて知る由もないのでしょう。

私が知っている、いちばんひどいケースには、こんな〝遅刻〟がありました。

彼女は39歳で幼稚園の先生をしているA佳さん。お見合い相手は、41歳のカーディーラーでした。A佳さんはマリーミーの会員、男性は他相談所の会員さんでした。

彼は遠方に住んでいたのですが、わざわざ片道60㎞の道のりを高速道路を飛ばして会いに来てくれることになりました。

ところが、運悪く、高速道路でトラックの衝突事故が発生。渋滞が起こり、彼から結婚相談所を介して「約束の時間に30分くらい遅れそうです。お待たせしてすいません」という連絡が私に入りました。

私はそれをA佳さんに伝えたのですが、彼女は30分前にお見合い場所に到着していました。そして約束の時刻の30分後、汗をふきふき大急ぎで現れた彼に、いきなり「大事なお見合いなのに、私を1時間も待たせるなんて信じられない！」と怒鳴ったそうです。

びっくりした彼は、「そんなに怒っていらっしゃるなら、今日のお見合いはムリそうですね。やめにしましょうか」とその場でお見合いをキャンセル。きびすを返しました。

直後、彼は所属する相談所に、「いやぁ、今日は久々ハードクレーマーに会っちゃいましたよ」と報告を入れたそうです。カーディーラーの仕事で、クレーマーにはたびたび出くわしていた彼でも、〝ハード〟クレーマーと呼びたいくらいだったのでしょう。A佳さんを気に入っていた彼でしたが、むろんお見合いに入る前にサヨナラです。

一方、彼女からは私に、「聞いてください。1時間も遅刻するなんてひどすぎます」という連絡が入りました。私が「30分前から待っていたのは、あなたの勝手でしょ。それに遅刻すると事前に伝えているのだから、怒る必要はありません。むしろ、『事故渋滞で大変でしたね。遠方からありがとうございます』というのが大人のマナーじゃないの？」と返すと、「なぜ待たされた私が、そんなねぎらいの言葉をかけないといけないのでしょうか？」と怒りが収まっていないようでした。

結局、私は向こうの相談所に平謝りをして、彼の往復の高速料金とガソリン代を負担してことを収めました。A佳さんはそのまま、誰とも真剣交際に至ることなく退会しました。退会時にA佳さんが言った捨てゼリフは「結婚相談所にはロクな男がいないわ」でした。

もう1人の例は、28歳の百貨店勤務、S子さん。マッチングしたのは35歳、年収2000万超えの外資系コンサル勤務男性です。

年収が高い人ほど仕事が忙しく、お見合いのアポを取るのにも苦労しますが、彼は大事な会議の合間を縫って、時間を捻出。お見合いに応じてくれました。ただ「日時変更できない会議が入っているので、遅刻する可能性があります。それでは失礼だから、よかったら別の日にしませんか？」とあらかじめ提案がありました。

けれど彼女が「絶対にその日がいい」と主張したため、そのままアポは成立。多忙すぎて女性と出会う機会が乏しい彼は、このチャンスを大切にしていたのです。ですから、お見合いを軽く見ていたわけではないのですが、会議が予想外に長引いてしまったようです。約束の時刻に20分だけ遅刻してしまいました。

お見合いは何とか無事に終わったのですが、すぐにS子さんから「信じられない。彼は大事なお見合いに遅刻をしてきたんですよ」とクレームが入りました。ですが、もともとその日は彼女の側から半ばムリやり約束を取りつけたという経緯がありました。

そうした事情を踏まえて私は、「約束に遅れたのは彼が悪いけれど、わずか20分じゃない。まずは『私のワガママを聞き入れてくださって、ありがとうございました。お忙しいのに、ムリを言ってすみませんでした』と言うべきじゃないの？」と彼女を諭しました。

この彼に限らず、高年収の人はそれだけ忙しいもの。デートに遅刻してくることはそう珍しいことではありません。

高収入で婚活女子たちからの人気も高い外資系コンサルでは、30代で年収3000万円超という強者《つわもの》も珍しくありません。ですが、彼らには朝9時から翌朝5時までぶっ通しで働き、3時間の仮眠でまた出勤するという超ハードな生活を続けている人もいます（褒められた働き方ではありませんが、その点は脇に置きましょう）。休日も仕事がびっちりと入っているので、デートの1時間を捻出するのも苦労するほどです。

男性が遅刻をしたら、「仕事が忙しくて大変なんだな」という思いやりを持ってあげたいもの。そうすれば相手も遅刻を心から謝ってくれるでしょう。

人にダメ出しをする前に、その背景に何があるかを考える想像力を持つ。その大切さをS子さんに語ったのですが、理解できないようでした。そんな彼女は今もまだ成婚できずにいます。

「婚活の壁」を越えられない勘違い

NG

# 「元彼以上の男性になんて、絶対出会えない！」

UEKUSA ADVICE
植草アドバイス

## 19

終わった恋は
さっさと手放しなさい。
変えられるのは
自分と未来だけよ。

# 結局あなたは選ばれなかっただけよ

過去と他人は変えられません。それなのに、過去の恋や元彼が忘れられない女性は多いものです。

別れずにズルズルと付き合い続けていたら、ドロドロした関係に陥り、むしろ忘れたい苦い恋になっていたことも考えられます。それに元彼はとっくの昔に結婚して、子どもだっているかもしれません。けれど、過去のキレイな思い出しか記憶に残っていないと、いくらでも美化できるので、余計に忘れられなくなるのでしょう。

外資系お菓子メーカーの広報を務めるT代さんは、34歳。2年前に別れた彼とは3年間同棲していたそうです。

同棲をするくらいですから、彼女はそのまま結婚する気満々だったのですが、ある夜突如として彼から別れ話を切り出されました。しかも、とんでもないことに、彼は「他の女性と結婚したいから、別れてほしい」と言い出したのです。あまりにショックが大きすぎて心の傷が癒えないので、彼女はその後、まともな恋愛ができなくなっていました。

彼女は、いまだにその夜の衝撃から完全には立ち直れていない様子で、最初のカウンセリングでその話をするときに泣き出してしまいました。「浮気相手の女がいなければ、今頃私は彼と結婚して子どもを産んで幸せに過ごしていたはずなんです」と略奪した彼女への恨み言まで口にします。

どう考えても、元彼は人間として最低。彼女と同棲していながら、隠れて浮気をした挙句、浮気相手と結婚したいという身勝手すぎる理由で別れを切り出したわけですから（想定外に子どもができたのかもしれません）、早く忘れてしまうべき〝事故物件〟です。

ところがT代さんは、何人とお見合いしても、「彼は身長183㎝と高く、スポーツ万能でカラダも引き締まっていた」とか「年収も彼の方が200万円も高かった」などと、いちいち元彼と比べては文句のオンパレード。「いい加減目を覚まさないと。結局あなたは選ばれなかったの。略奪愛でもなんでもなく、彼がただ彼女を選んだだけ。彼を忘れるには、彼よりいい男を見つけて、惚れさせて愛されましょう」とアドバイスしました。

同棲しながら浮気した元彼が完全に悪いのですが、別れた理由、選ばれなかった理由は必ずあるものです。それを受け止めて次のステップにいかなければ、いつまで経っても元彼と比べてばかりで進みません。「あなたにも何か思い当たるところはないの？」と尋ねてみると、彼女の問題が見えてきました。

元彼に、「今夜は何時頃帰ってくるの？」「なぜそんな遅い時刻になってしまうの？」などと、1日に何度もLINEを送り、既読にならないと、既読になるまで何度でも繰り返していたというのです。束縛したがる〝重〜い女〟だったというわけです。元彼が浮気に走った背景には、彼女の重たい依存や束縛から逃れたいという気持ちもあったのでしょう。

T代さんは、元彼との破綻を、完全に浮気相手の女性のせいにしていました。まさか自分にも原因の一端があるとは思いもしなかったので、私がその可能性を指摘すると心底驚いた顔をしていました。それでも「束縛されるのが嫌いな男性もいますよね」と納得してくれました。

## 性格は変えられないけれど、行動は変えられます

原因がわかったものの、このままではどんな男性とマッチングしても、似たようなこと

になるのは目に見えています。性格というのはそうそう変えられないものだからです。ただ、性格を変えることはできなくても、行動を変えることはできます。

たとえば、夜10時以降は連絡しない、デート後の連絡は1回だけにする……。そうした行動のルールを作ることにしたのです。そうすることで、重たい依存癖や束縛癖といった彼女の性格面の問題点は、婚活の障害にならなくなりました。

行動が変わり始めたT代さんにマッチングしたのは、39歳の中学校の英語教師。バレーボール部の顧問を務める、明るいスポーツマンタイプでした（彼女は結局、スポーツマンが好きなのです）。勤務先は誰もが知る名門私立中学だったので、年収は900万円ほどありました。結婚後、女性が仕事を続けることにも大賛成です。

初めのうちは、「部活があると週末はつぶれるから、私と過ごせる時間は限られる。前の彼は週末ごとに……」などとまたまた元彼を引き合いに出して不平不満を言っていた彼女でしたが、私に「平日は学校、休日は子どもたちと部活に励んでいたら、少なくとも浮気する時間はないよね」と指摘されて、「それはそうかも」と納得しました。二度と同じような悲劇を繰り返したくなかったのでしょう。

明るい彼と仮交際を重ねているうちに、ようやく過去の苦い記憶が上書きされるようになり、新しい恋に少しずつ前向きになってきたT代さん。休日の部活の状況はどういうものなのか。興味を持ち、真剣交際に入って1回目のデートを終えた後、彼が指導するバレー部の遠征試合を車で追っかけてみました。

試合前、体育館でみんなが事前練習をしている間、T代さんは車でじっと待機していました。そのうち、彼から「試合を見に来なよ」と誘われたので、すみっこの邪魔にならないところで見学。試合後、彼は教え子たちに「先生の彼女？」と散々冷やかされているようでしたが、まんざらでもない少年のような笑顔を見せていたのが好印象だったそうです。

遠征で彼の子ども好きな側面を垣間見たT代さんは、「彼とならば幸せな結婚をして、一緒に子育てができそう」と思えるようになり、真剣交際から2回目のデートでプロポーズを受けて快諾しました。

「婚活の壁」を越えられない勘違い

NG

# 「結婚するなら医者か弁護士よね」

UEKUSA ADVICE
植草アドバイス
20

婚活は
学業やスポーツとは別。
「目標を高く持て」は
通用しません。

# 年齢に応じて目標の見直しも大切です

「結婚するならお医者さん」

そうおっしゃる女性は多いものです。「医師がダメなら、歯科医。百歩譲って獣医」とまでおっしゃる方も。医師としか結婚したくない〝お医者様病〟です。

弁護士事務所で事務員として働いているM香さんもその1人。厳しいことを言わせてもらうと、身の程知らずの条件を平然と掲げるタイプでした。

大学を出た彼女がまず就職したのは、小さなクリニック。クリニックに勤めた目的はズバリ、若い医師をつかまえて結婚することでした。

彼女は親戚に医師が何人かおり、小さい頃から両親に「結婚するならお医者さんじゃないとね」と焚《た》きつけられていたのです。この両親も毒親ですね。

本当は、若い医師が大勢勤務している大きな総合病院で働きたかったのですが、残念ながら希望は叶わず、妥協して就職したのが小さいクリニックだったのです。

でも、小さなクリニックだとターゲットとなる独身の医師の数も限られています。そこで早々に見切りをつけて転職したのが、かなり大所帯の弁護士事務所。医師から弁護士へとターゲットを変えたのです。

医師などの「師業」がダメなら、弁護士や税理士などの「士業」がいいという女性は、少なくありません。

M香さんは将来有望な弁護士と結婚したくて弁護士事務所に入ったのですが、同じように考えている若いライバル女性は多いもの。

秘かに狙っていた弁護士は、新卒の可愛い女の子に片っ端から持っていかれてしまい、アタックしても恋愛が成就する気配がありません。このマズい状況を打開したいと思い、マリーミーに入会したそうです。気がつくと36歳になっていました。

入会時に彼女の希望を聞いてみると、相手の年齢は自分より5～6歳上までが上限で、絶対に初婚。職業は弁護士か医師。百歩譲って獣医、千歩譲ってパイロット。自分の年収は300万円ほどでしたが、相手に求める年収は2000万円以上……。「寝言は寝て言って！」と言いたくなるような内容です。

この条件が寝言にしか聞こえないのは、年齢が30代後半だったから。特別な事情がない限り、この条件を満たす男性の多くは、30代ではなく20代女性を選ぶでしょう。

前述のように「師業」や「士業」に憧れる女性はたくさんいます。彼女の問題点は、若いときと目標が変わっていない点にありました。時計の針が20代で止まっていたのです。男性が婚活でいちばんシビアに意識するのは、女性の年齢です。M香さんがクリニックに勤めていた20代の頃ならば、「師業」&「士業」限定でも相手が探せた可能性は高いのですが、婚活漂流を続けているうちに時計の針が進み、30代後半に差し掛かってきたら、さすがに条件の見直しが求められます。

小中高校生の頃は大人に「目標は高く持て」とよく言われるものです。学業やスポーツならよいのですが、30代からの婚活にその発想は通用しません。婚活において目標は、年齢に応じて柔軟に見直すことが必要なのです。彼女のように、20代から掲げてきた高い目標に執着していると、婚活の成功確率は年々低くなってしまいます。

彼女の最初の条件のままだと、一向にお相手とのマッチングがありません。つまりお見合いが組めないことに。

何とかお見合いが組めて仮交際まで進んでも、「師業」や「士業」の男性はもっと若い女性ともデートを重ねていますから、誰とも真剣交際には進めませんでした。そもそも結婚相談所で、お見合いから真剣交際に発展する確率は10％に満たないのです。

成功確率が低いのですから、真剣交際まで発展させるには、お見合いする数＝分母を大きくする他ありません。彼女の場合、分母が少なすぎたので、このままでは真剣交際に至る確率は限りなくゼロに近いと言わざるを得ません。


そうこうするうちに時計の針は容赦なく進み、うかうかしているとあっという間に年齢を重ねてしまいます。30代の半年は20代の1年。ムダにする時間は1秒もないのです。

そんな話をしながら、「なぜこんなにお見合いを受けてくれないんだと思う？」という話を重ねるうちに、現実に目覚めた彼女も少しずつ条件を緩和してくれました。

医師か弁護士がいいという主張は譲れなかったようですが、「10歳以上年上でもいい」「初婚にはこだわらない」というところに着地し、お見合いが組めるようになり、最終的には12歳年上のバツイチの医師と結婚できました。相手には子どもが2人いましたが、研修医時代に知り合った前妻も医師で子どもの親権を持ち、責任を持って育てていたので、子どもの存在は結婚の障壁にならなかったのです。

医師にもいろいろなタイプがいます。マリーミーの男性会員さんにも、大学病院を辞めてフィリピンで地域医療をやりたいという医師がいました。治安がよくない貧困エリアで働いて、収入は現在の半分以下になるのですが、それよりも医師としての使命感が勝ったのでしょう。〝お医者様病〟で結婚した相手が、同じように『国境なき医師団』に入り、紛争地域で医療活動をやりたい」と言い出す可能性はゼロではありません。もし、あなたが結婚しようと思った相手が、安定した地位と収入を捨てて海外へ行くと言い出したときに「一緒について行きます」と言えるでしょうか？　もちろん「どんな生活でも、尊敬できる人と一緒にいられるなら幸せです！」と思えるのでしたら素晴らしいことです。

いずれにしても、現実から目を逸らさずに事実を直視し、人間性も含めて一緒にいたい、と思える相手を探す、という視点を忘れないでほしいのです。

「婚活の壁」を越えられない勘違い

NG

## 「結婚するなら、完璧な相手じゃないと」

UEKUSA ADVICE
植草アドバイス
21

あなたにも欠点
あるわよね。
相手にもあって当然でしょ。

# 減点主義でなく、加点主義で評価しましょう

「いくら探しても、理想の相手が見つからない！」

そんなふうに嘆いては、どんな相手でもアラを探して必ず見つけ出す人がいます。「減点主義」に陥っているのです。

婚活で減点主義から抜け出せないと、せっかくのご縁を自分でつぶすことにもなりかねません。欠点を見つけて減点ばかりしているうちに、相手をどんどん嫌いになってしまうからです。

ここで登場するのは、28歳の看護師のS子さん。看護師さんはハードワークですが、手に職があり、年収も同世代の女性と比べると高め。婚活市場では人気があります。彼女は20代で可愛らしいタイプでしたから、婚活市場ではアドバンテージがありました。

でも、彼女が出してきたお見合い相手の条件は、「30代で年収3000万円以上でないとダメ」と相当高いものでした。

その理由はおそらくですが、彼女が勤務している美容クリニックにありました。繁盛しているクリニックを経営する40代男性院長のお金遣いは荒く、一晩で100万円以上も使ってクラブで豪遊しているようでした。それを見ていた彼女は「稼げる人はいくらでも稼いでいる。自分も派手にお金を使うような生活がしたい」と感覚が狂い、年収の条件が知らず知らずのうちに高くなっていたのです。

私が苦労してお見合いをセッティングした相手は、35歳で年収2800万円の会社経営者。会計関連の企業を立ち上げ、わずか3年で年商10億円規模まで押し上げているかなりのやり手です。ところが、真剣交際に移行してみると、彼女は彼へのダメ出しを連発。「貧乏ゆすりがひどい」「人の話を聞いてくれない」「飲食店でお店の人への態度が横柄」などと、デートのたびにダメ出しをするようになったのです。

貧乏ゆすりをしたり、女性の話を聞かなかったり、横柄な態度を取ったりするのは、もちろん褒められたことではありません。でも、つい貧乏ゆすりをしてしまうのは、忙しくてストレスが溜まっている証拠。女性の話がゆっくり聞けないのは、交際経験が少ないせいでしょう。態度が横柄に感じられることがあるのは、会計事務所のトップとして指示出しをする機会が多いため、悪気がないのに横柄に見えるだけかもしれません。

人には直すべきところや弱点は必ずあります。それを互いに受け入れて、助け合って修正しながら成長していくのが結婚です。欠点も弱点もない人はいませんから、欠点も弱点も受け入れる度量がなくては、結婚したとしても続きません。

むしろ彼女のほうにダメ出しされるべきポイントがたくさんありました。

夕食で2万円ほどのディナーを毎回のようにおごってもらっているのに、最後に「ご馳走さま」とたった一言言うだけ。本人は「ちゃんとお礼言ってるし」と思っているのかもしれませんが、そういうときは、もっと丁寧にお礼を言うのはもちろん、「この後のお茶代は私に出させてください」などと気配りをするのが、社会人としての最低限のマナー（アドバイス17参照）。そこそこ可愛くて、それまで男性からチヤホヤされた経験しかないので、おごられて当然だと思っているのでしょう。

この他、誕生日でもないのに、エルメスのバーキンをねだったり、エンゲージリングは500万円のハリー・ウィンストンがいいと言い張ったり。真面目な彼から「バーキンはどこにも売っていないのですが、どこで買ったらいいですか？」と相談されたので（今やお金があっても入手困難なのがバーキンです）、「まだ結婚が決まったわけでもないのに、厚かましすぎますよ。いったん頭を冷やして今後の交際について考えませんか？」とアドバイスすると、彼は交際を終了としました。

減点主義に陥った人は、知らない間に自分の価値観が軸になりがち。けれど、価値観は人それぞれ。その価値観のすり合わせをするのが、婚活でもあります。すり合わせの作業もロクにしないうちから、自分軸を相手に押しつけてしまったら、ダメ出しポイントが尽きないでしょう。

それは、ないモノねだりをするようなもの。理想＝100点満点の男性を探していたら、婚活を何年続けても結婚には辿り着きません。自分が完璧ではないように、完璧な相手も存在しないからです。

年齢や年収といった最低限の条件をクリアしていたら、それ以外のところは加点主義で見てあげたいものです。

同じ男性でも、減点主義と加点主義では、捉え方が180度変わります。具体的な例をいくつか挙げてみましょう。

**【減点主義から加点主義への発想の転換法】**

**×減点主義　いくら8歳年上でも、丁寧語を使わず、タメ口だった。**

〇加点主義　肩ひじ張らずに、積極的にコミュニケーションを取ってくれた。
×減点主義　デートに着てきた服がダサかった。
〇加点主義　服にはお金を使わないタイプなんだな。今度、自分が一緒にショッピングに行って服を選んであげよう。自分色に染められてラッキー。
×減点主義　母親の話ばかり。きっとマザコン男に違いない。
〇加点主義　女性を大切にしてくれる。私も、私の母も大事にしてくれそう。
×減点主義　「どこがいいですか？」とデートの場所を決めさせた。
〇加点主義　自分の意向を押しつけず、私の言い分を真っ先に聞いてくれた。優しい。
×減点主義　自炊もせず、夕飯はいつもコンビニ弁当。不健康すぎる。
〇加点主義　料理を作ってあげたら、喜んでくれそう。料理上手の男性だと困るけど、彼なら料理ベタの私でもアピールできそう。

捉え方一つでこのように、同じ相手でも見え方はまったく異なってきます。ネガティブからポジティブに発想を転換することで、相手に対して自分がアピールできるポイントも見つかります。こんな考え方ができる女性が婚活では成功するのです。

「婚活の壁」を越えられない勘違い

NG

## 「せめて元彼と同じくらいのスペックの人と結婚しなきゃ」

UEKUSA ADVICE
植草アドバイス
22

過去の栄光には賞味期限があるのよ。賞味期限切れの栄光はゴミ箱行きね。

# 同じ条件の彼がいつまでも見つかると思うなかれ

マッチングするお相手を探してデータベースをいくら検索しても、「ロクな男がいない！」と嘆いてばかりの女性がいました。東京都港区在住で会社経営者のNさん。41歳で年収は1500万円です。

「これまで付き合ってきたのは同世代ばかり。3高でみんなイケメンだった」と自信たっぷり。「それはいつの頃の話？」と聞いてみたら、10年前の話でした。彼女も31歳ですから、同世代のイケメンとも付き合えたでしょう。

今は41歳。そこを念頭に入れず「自分より年収が多くないとダメ。2000万円は欲しい」「5歳以上上はイヤ。50代はジジイだからダメ」などと条件を次々と出してきました。

冷静に考えると、彼女の条件にマッチする年収2000万円で45歳前後の男性というのは、20代からも30代からもモテモテです。そこまで年収が高い男性は、女性の年収にはとくに惹かれませんから、40代の彼女が選ばれる可能性は限りなく低くなります。

Nさんは、自分が挙げた条件はハードルが高くなっていることに気づいていません。「私の経営者仲間の女性はみんな結婚している。この私にすぐに相手が見つからないのはおかしい。結婚相談所がよくない」と言い出します。私が、「そのお仲間は何歳くらいで結婚したの？」と念のために聞いてみると、「20代半ば」という返事が返ってきました。彼女たちはおそらく結婚後、経営者になったのでしょう。20代の女性と40代の女性では、残念ながら男性側の受け取り方はまるで違うということが理解できていないのです。

そこで「わかりました。データベースを検索し、あなたが会いたい男性、見合うと思う男性に申し込んでみましょう」と30人ほどにお見合いを申し込みました。すると案の定、「ぜひともお見合いしたい！」という返事は1件もありませんでした。

彼女が希望する年収と年齢として「２０００万円」「40代」と打ち込みます。すると、検索条件に引っかかる男性たちの希望する女性の年齢は「20代」か「30代」ですから、データベースに何万人登録されていたとしても、彼女の検索条件にマッチする相手は何年かけても見つからないでしょう。

東京でマンションを買う場合、「港区か中央区」「駅から徒歩3分以内」「新築」「３ＬＤＫで４０００万円以内」という条件で探しても、まずヒットしないでしょう。そんな条件のマンションは存在しないからです。

ですから、「東京都内」「駅から徒歩10分以内」「築5年以内」「2DKで5000万円前後」というふうに条件を少しずつ緩和していきながら、自分が納得できる物件を探すことになります。同じように、婚活でも自分の条件を絶対視しているとなかなかヒットしません。条件は状況に応じて柔軟に変更することで、可能性は開けていくのです。

たとえばNさんの場合、相手の年齢が譲れないのでしたら、「自分に十分な収入があるのだから、男性にそこまで高い収入を求める必要はない」と、条件の軌道修正をすることもできたと思います。ただ、「相手が年収400万円でも、優しくて家事も分担してくれて、一緒に楽しく過ごせたらいいじゃない？　きっと幸せだと思うわよ」と諭しても、首を縦に振りませんでした。

結局、彼女は「昔はイケメンにモテた」という過去の栄光が忘れられず、自分自身の条件に縛られて身動きができなくなり、2～3ヵ月で退会しました。どんな輝かしい経験があったとしても、過去は過去。栄光には賞味期限があります。賞味期限切れの栄光にしがみつくのはやめましょう。過去を手放したときに未来は開けるのです。

NG

「婚活の壁」を越えられない勘違い

# 「彼ったら、レストラン予約にクーポン使ってて、幻滅しちゃった」

UEKUSA ADVICE
植草アドバイス

## 23

## 結婚するなら断然堅実派。クーポン男は大歓迎よ。

# 結婚するなら浪費癖ある人より堅実派

「彼、デートのレストランで割引クーポン使ってたんですよ！」

そんなふうにご立腹だったのが34歳の契約社員のY美さん。相手がレストラン予約サイトでクーポンを活用してお得に予約してくれたのに、「この人、きっとケチですよね〜」と文句をつけてきました。

お得な割引クーポンやポイントを上手に使うのは、生活者の知恵。ムダな浪費に走ることなく、クーポンやポイントを賢く活用できるタイプは、持続可能な家計を守る堅実なパートナーとして高く評価されるべきです。結婚するなら誰だって、浪費癖がある人より、きっちり貯蓄もある堅実タイプが理想のはず。

ところが、婚活デートで、クーポンやポイントを使った相手を「ケチ認定」して、却下したがる女性もいます。

話を聞いてみると、男性は店名や所在地が記載された予約完了画面を、「ここを予約してみました！」と悪気なしにメールしてきたようでした。それは、シェフ自慢の料理が盛り込まれた1万4000円のコース料理が9800円で予約できるうえに、乾杯用のスパークリングワインまで無料になるというお得なプランでした。

Y美さんも、同僚との飲み会や女子会なら、支払いは少しでも安く上げたいと考えるでしょう。同伴者から「4000円お得に予約できたよ！」とメールが入ったら、ラッキーと思うに違いありません。それなのに、デートだとケチ認定してしまうのは完全なダブルスタンダードです。

Y美さんのようなタイプに限って、デート代を自ら積極的に負担しようとは考えないもの。そして8000円、1万円、1万5000円という3つのコース料金が設定されていたら、（自分は一切出す気はないのに）いちばん高い1万5000円のコースを無邪気に指定しがち。さらに、プリフィックスメニューのなかでも、ロブスターやA5ランク和牛のように追加料金が必要な料理を、（自分で支払うときは頼まないのに）躊躇《ちゅうちょ》なく選ぶ傾向があります。ケチなのは、一体どちらでしょうか。

結婚したら堅実でいてほしいのに、デートでは自分にできるだけたくさんお金を使ってほしい。そんなダブルスタンダードは通りません。結婚したら、裏も表もない関係を築く必要があります。婚活のうちから裏表のない態度でいたいものです。

男性側も、「4000円も安く予約してくれてありがとう」と素直に喜んでくれる人、松竹梅と3つのチョイスがあったらいちばん安いコースを選んでくれる人、プリフィックスメニューでも追加料金が不要な料理を選択する人を選ぶもの。そういう控えめなタイプなら、「今日は奮発して1万2000円のコースにしましょう。お好きな料理を頼んでください。今月はお小遣いに余裕があるので、僕が出しますよ」と言いたくなるもの。そういう女性から先に結婚していきます。

逆に、クーポンやポイントが使えないところでは、お金を一切使わないというのも融通がきかなすぎ。2人がどうしても行きたいお店や場所なら、たとえクーポンもポイントも使えないとしても、喜んで出かけましょう。倹約は美徳ですが、あまりにいきすぎると窮屈になり、生活に潤いがなくなります。締めるところは締める、使うところは使うというメリハリは、婚活でも結婚生活でも欠かせません。

NG

「婚活の壁」を越えられない勘違い

# 「私、若く見えるから、年下男子でもいけるはず！」

UEKUSA ADVICE
植草アドバイス
24

## 「年齢よりも若く見える」は全部お世辞。真に受けないで。

# 年下男子との結婚は、ドラマ限定のおとぎ話よ

「私、男性から〝若く見える〟とよく言われるんです！」

私はこれまで、おそらく婚活女子1000人以上から、この言葉を聞いてきました。その心は「だから年下の若い男子を紹介して」ということなのですが、正直に言うと、実年齢以上に若く見えた人は1人もいません。

よくあるのが、年下の男性の部下が、上司である40代の女性に気を遣い、ことあるごとに「30代にしか見えないですよ」「先輩、若く見えます！」などとお世辞を言っていた、というケース。部下としてはコミュニケーションを円滑にし、仕事をうまく回すためなのですが、本気で「30代女性にも負けない！」と思い込み、「年下と結婚したい」という目標を掲げてマリーミーに入会してくる女性もいるのです。

恋愛ドラマの影響もありそうです。40代前後の素敵な女性が、一回り以上年下の男性と恋愛をするというのが、最近のドラマによくあるストーリー。若い女性が以前ほど恋愛ド

ラマを観なくなり、視聴者の中心がアラフォー以降の女性に移ってきたので、彼女たちの見果てぬ夢を叶えるシナリオが多くなっているのだと思われます。

こうした今どきの世相を反映しているのでしょう。入会してきた50歳の会社役員のT子さんは、相手の希望年齢を「35歳から45歳まで」とプロフィールに書き込んでいました。驚いた私は、T子さんに「50歳女性に、15歳年下の男性を紹介するのはさすがにムリですよ」と言ったところ、「去年別れた彼氏は10歳年下だった。今回は結婚相談所にお金を支払うわけだから、15歳年下とも交際できるはずでしょ」と言い放ちました。

話を聞いてみると、別れた10歳年下彼氏とは、5年間付き合っていたとか。彼女が45歳のときに35歳の男性と知り合ったのです。それならギリあり得る話ですが、それから5年経っているというのに、15歳年下との交際を望むのは不可能というものです。

説得しても彼女は条件を譲らないので、仕方なくその言い分を飲み、年下とのマッチングを試みました。でも、案の定空振りの連続。その現実を受け入れられないプライドの高い彼女は、「ここにはロクな男がいないわね」という捨てゼリフを残し、退会しました。

年上女性と年下男性の大恋愛は、大人のおとぎ話。韓流ドラマに出てくるような年下イケメンが、50代女性の前に白馬に乗って登場するわけがありません。

ちなみに、マリーミーでは7歳年下の男性と結婚した女医さんが、女性歳上での年の差婚の最高記録です。ただし、成婚時の彼女は42歳で年収は2000万円オーバー。しかも美肌でスリム、30代と言われても納得するような若々しいタイプでした。

おとぎ話を無邪気に信じているうちに月日は過ぎ去ってしまいます。好きなだけ夢が見られるのは、時間に余裕がある20代女性の特権。何度も言うようですが、大多数の男性は年下女性を好むもの。ほんの一握りの年上好み男性とマッチングする可能性に賭けるより、同世代か年上の男性に目を向けたほうが、対象の分母を増やせるので、はるかに結婚確率は上がります。年下にこだわらなければ、50代だってもちろん結婚はできます。

54歳の会社員C秋さんは、仕事と両親の介護に追われる毎日を送り、自分のことを考える暇がないまま、気がつくと50代半ばになっていました。

父親が亡くなり、認知症を患った母親を介護施設に入れたことがきっかけとなり、「これからは自分の人生を丁寧に生きたい」と願うようになり、マリーミーに入会して婚活に本腰を入れる運びとなりました。

30年近くも恋愛から遠ざかっていたC秋さんでしたが、両親の介護で現実の厳しさを散々見てきたせいなのか、年下にこだわる夢見るアラフィフではありませんでした。年収が800万円以上あり、本人は初婚でしたが、バツイチでも60代でもOKとハードルを下げてくれたので、マッチングするのにそれほど苦労しませんでした。

3人と仮交際に入り、そのうちのバツイチで62歳の農家の男性と結婚しました。彼は、仕事をしながら介護を笑顔で乗り切った彼女の根性と優しさに心を打たれたようでした。彼女には長らくガーデニングの趣味があり、定年後は本格的に土いじりをしたいと思っていたので、農家の妻になることにも前向きだったのです。

# CHAPTER 04

# 「好きな人は私を選んでくれない」の壁

NG

「婚活の壁」を越えられない勘違い

## 「セックスを断ったら、次のデートはないかも……」

UEKUSA ADVICE

植草アドバイス

25

### セックスすることとモテていることは違うからね。

# 本気の結婚相手をアプリで探す男性は少数派です

出会いをマッチングアプリに求めて気軽に利用する人が本当に増えました。さらには真剣に結婚相手を探すために、婚活アプリを利用する人も増えています。ただ、本気で結婚相手を探したい、と思っていても、使い方を間違えるといつまで経っても結婚には結びつきませんので注意が必要です。

オンラインでの出会いであっても、もし本気で相手を探したいと思うならば、年齢や年収など自分の条件に合う男性をピックアップしたのち、まずはデートを重ねて人柄や性格を確認する……というふうにステップアップしていくのが、結婚への道筋だと思います。

ところが、婚活アプリで知り合った人と1回目のデートでセックスしてしまう、というケースをよく聞きます。この場合、2度目のデートに進めないことが少なくありません。これでは婚活どころではなく、セフレ以下です。

男性のなかには、婚活アプリを出会い系のマッチングアプリと同じような感覚で使っている人もいます。アプリで出会う女性とは結婚する気はさらさらなく、セックス目的で用いている人もいるようです。婚活アプリで、入会時に独身の証明を求めるのはごく一部。それ以外はその気になれば既婚者だって自由に利用できるのが実態です。「結婚相談所に入ると結婚するまでセックスできない。だから婚活アプリを使っている」と赤裸々に告白する男性もいるくらいです。

こうした不用意なセックスで性病に感染するリスクもあります。最近、日本では梅毒患者の急増が社会的な問題となっています。2012年まで、梅毒の年間の新規患者は500～900人で推移していましたが、2022年には1万人を突破しました。梅毒に罹ったことに気づかないまま、妊娠してしまうと、生まれてくる子どもが先天性梅毒になることもあります。

梅毒以外でも、クラミジアなどの性病も増えていますが、その背景には出会い系アプリなどの利用者が増えていることがあるという研究結果もあります。婚活アプリを出会い系アプリのように使っている男性との安易なセックスは、危険。コンドームを使っても、梅毒などの性病は完全にはブロックできないのです。

恋愛ベタで男性経験が少ない女性ほど、婚活アプリで傷つく経験が絶えません。恋愛経験に乏しい30〜40代の女性にありがちなのですが、初めて会った男性とでも、誘われたらホテルへ行ってセックスをするものだと勘違いしているからです。「セックスを断ったら、嫌われてしまう」と不安になる女性もいるようですが、そんなことで嫌うような男性はこちらから願い下げ。本気で結婚したいのではなく、セックスだけが狙いなのは、見え見えだからです。

婚活アプリでセルフ婚活をしていた39歳のT実さんも、初めて会った男性にホテルに誘われることが多く、好みのタイプなら求めに応じることも一度や二度ではなかったとか。自分が都合のいい相手にされていることに気づかず、多くの男性と会っているのに婚活は一向に進まない状態が続いていました。そんな回り道を2〜3年続けた挙句、いつの間にか40歳の壁が目前に迫っている事実に気づいて愕然とし、マリーミーに入会。

T実さんは、大学時代に数回恋愛しただけ。大学時代の彼と別れた後、IT企業でSEとして仕事に打ち込みすぎて恋愛をする余裕がなく、30代後半になって結婚を焦り、婚活アプリでセルフ婚活を始めたというのが実情。セカンドバージンの状態だったので、今どきは「出会う＝セックス」が常識なのだと誤解していたそうです。

そこで私は、T実さんに、ビジネスに喩《たと》えてこう話しました。

「ビジネスでは、初対面で一気に商談まで進まないですよね。1回目は挨拶と名刺交換で顔合わせをし、相手のニーズを何となく探り、それを踏まえて2回目以降に本格的な商談に進みますよね。それは婚活も同じですよ」

何度もうなずく彼女に、「仮交際の1回目のデートは1～2時間で十分です。まだお互いを知らない1回目から、深いつながりやセックスを求めるのは怪しいと思わなきゃ」と諭《さと》しました。

さらに続けて、「あなたは今年で39歳よね。男性は、女性の年齢にあなたの想像以上に厳しいの。39歳の女性と本気で結婚したいと思っている男性は、婚活アプリではなく、結婚相談所にいるのよ」と優しく語りかけると、彼女は納得して「私、何もわかっていなかったんですね」と反省してくれました。

T実さんが男性に求める条件は年齢10歳上までで、年収は自分よりも高いこと。専門職だった彼女の年収は700万円ほどありました。

そんな彼女にマッチングしたのは、48歳の建設会社の社長さん。創業した父の跡を継いだばかりの二代目社長です。年収は1000万円を軽く超えていましたから、彼女の希望をクリアしています。

彼の住まいは東海地方でした。彼女は大学も職場も東京でしたが、もともと地方出身者だったので、東京以外の地方で結婚生活を送ることにためらいはありませんでした。

彼は、仮交際中のデートでいきなりカラダを求めてくるような無茶な振る舞いはしませんでしたし（うちでは絶対にありません！）、年上で頼りがいのあるところが気に入り、真剣交際に移って3回目のデートで彼のプロポーズを快諾。今は彼の地元で社長夫人となり、SEのスキルを生かしながら楽しく働いています。

「婚活の壁」を越えられない勘違い

NG

「結婚するなら、カラダの相性って大事よね」

UEKUSA ADVICE

植草アドバイス

26

大事なのは、カラダの相性よりも、結婚観の相性よ。

# セックスはスタートではなくゴールです

「相手に求める条件は、断然カラダの相性です」

そう言って入会してきたのは、33歳でパラリーガル（弁護士の補助業務を行う仕事）をしているS子さん。私が、「ここはセフレを探すところではないのよ。結婚したいなら、セックスはスタートではなくゴールだからね」と説明しても、すぐには納得してもらえませんでした。

セックスから始まる恋愛はあるかもしれませんが、セックスから始まる婚活はありません。結婚相談所では、セックスをすると成婚退会扱いになるのです。これは言うまでもなく、セックス目的の利用を防ぐための仕組みです。

S子さんは、セックスの相性以外に、とくに結婚相手の具体的なイメージを持っていないようでした。聞いてみると、それまでセックスから始まる恋愛しか経験がなく、「セックスした人を好きになる」という関係を続けてきたからだと判明しました。

なんと入会時には、まだ恋人≒セフレがいる状態。「彼氏に結婚する気があるか、聞いてごらん」とアドバイス。私が思った通り、「そんなつもりじゃなかった」というつれない返事が返ってきたそうです。このセフレもどきの恋人と別れたS子さんに、「セックスから始めない婚活」を始めてもらいました。

私がS子さんに強調したのは、婚活ではカラダの相性を探る前に、「結婚観」の相性をすり合わせることの大切さでした。結婚観とは、文字通り、結婚に対する考え方。具体的には、長い人生において結婚が果たす意義や、結婚に何を望むか、結婚相手に何を期待するかといったビジョンです。

互いの結婚観がズレたままでは、結婚しても長続きしません。離婚の理由としてよく「性格の不一致」が挙げられますが、その実態は性格が合わないのではなく、結婚観のすれ違いなのです。とはいえ、入会時に結婚観を尋ねられても、すらすら答えられる人はほとんどいません。初婚の人にとっては未知の体験ですから、すらすら答えられなくても当然。結婚後の具体的な生活について2人で話し合っているうちに自分たちなりの結婚観が養われてくるのです。

「結婚したら、どこに住みたいのか」「住むならマンションか、一戸建てか」「子どもを持ちたいのか。何人欲しいのか」「仕事と家庭をどう両立するのか」……。できるだけ細かく現実的な会話を交わしているうちに、結婚観が徐々に確立していきます。

映画館で話題の作品を観たり、人気のレストランでご飯を食べたりするだけでは、結婚観のすり合わせは不十分。心の距離は縮まらないので、真剣交際には至りません。こうした〝ムダ〟なデートを、私は〝遠足デート〟と呼んでいます（アドバイス35参照）。

結婚観のすり合わせを経て、マンツーマンの真剣交際に入ると、「毎月家計にいくらずつ入れるのか」「どの駅で家賃何万円くらいの住まいを探すのか」といったより具体的なライフプランを話し合います。ここが紛糾すると、たとえ結婚しても早々に空中分解に至る恐れがあるからです。

結婚観をめぐる話し合いを避けたり、答えをはぐらかしたりするのは、前述のS子さんのセフレのように結婚する気がないか、結婚する気があったとしてもその準備が整っていないかのどちらか。いずれにせよ、何度デートを重ねても結婚には近づけないでしょう。さっさと次の相手を探すほうが得策です。

初めから2人の結婚観が100%合致することはまずありません。それまで育ってきた環境や性格、将来に対するビジョンは1人ひとり違って当たり前。結婚観も十人十色です。そこで求められるのは、互いの歩み寄りです。相手を思いやり、共感し、譲るべきところは譲る。この共同作業の積み重ねこそが、結婚への道のりには欠かせないのです。

「婚活の壁」を越えられない勘違い

# 「4年付き合った今の彼、そろそろプロポーズしてくれるわよね？」

UEKUSA ADVICE
植草アドバイス
27

## 結婚できない男は全部で3タイプ。彼らとかかわるのは時間のムダです。

# いくら待っていてもプロポーズしない男性はいます

男女が交際をスタートさせてから結婚するまで、平均するとどのくらい時間がかかるかご存じでしょうか。

答えは平均4年半。結婚に本気なら、この数字が持っている意味の大きさはおわかりでしょう。女性が20代で男性2人と付き合って結婚に至らなかったら、その時点でもう30代になっているのです。

ただし、4年半というのは、一般の恋愛結婚での平均値。結婚相談所で成婚するカップルの多くは交際開始から1年以内に、早い人は3〜4ヵ月でゴールしています。

そこで私は、交際相手が1年以内に結婚へ向けた具体的なアクションを起こしてくれないなら、その時点でさっさと交際終了にするべきだとアドバイスしています。

セルフ婚活をしている人にとっても、4年半は長すぎます。もし本気で結婚したいならば、交際してから1年以内に結婚の話が出ない相手は、その時点で交際終了にすることをおすすめします。そういう相手は、時間をかけて付き合っても結婚できない可能性があるからです。待っていても結婚できない男性には、大きく次の3タイプがあります。

**【あなたが結婚できない男性3タイプ】**

**タイプ1：じつは誰とも結婚したくないと思っている。**
**タイプ2：いずれ結婚したいが、今はそのタイミングではないと思っている。**
**タイプ3：結婚したい相手と出会ったらすぐにでも結婚したいが、その相手はあなたではないと思っている。**

もっとも罪作りなのはタイプ3ですが、私の経験上、1年待っても結婚できない男性の7割以上はタイプ3です。このタイプに引っかかって3年、4年……と楽しくお付き合いした挙句、彼は別の女性と結婚。そのときに女性はすでに30代半ば、というパターンは数限りなくあります。危険ですね。

# 結婚したいなら、なぜ彼の本音を聞かないの？

28歳でIT企業に勤めているT代さんが引っかかったのも、タイプ3男子。31歳でアパレル企業に勤務しているイケメンでした。

30歳までに結婚したいと思っていたT代さんは、付き合って1年経つのに結婚の「ケ」の字も出さない彼に痺《しび》れを切らし、勇気を振り絞って「私は30歳までに結婚したいと思っている。あなたはどう考えているの？」と聞いてみました。

ところが、彼から返ってきたのは「5年後かな？　10年後かな？」という曖昧《あいまい》な返事でした。彼女が「私は5年も10年も待っていられないの」と迫ると、彼は「僕たち、マッチングアプリで知り合ったよね。結婚前提の付き合いとは僕は思っていなかった」としどろもどろに言い訳を始めました。マッチングアプリを介した交際では、こうした失敗につながるケースが少なくありません（アドバイス25参照）。

その言葉に、セフレ扱いされていたと即座に思い直したT代さんは、愛想を尽かしてその場で彼に別れを告げ、マリーミーに入会しました。

T代さんが、彼に真意を聞いてみようと思っていると女友達に相談したところ、「付き合ってまだ1年でしょ。ヘタに焦らせないほうがいいんじゃない？」と言われたとか。聞く相手を間違えています。幸い、そんな無責任な素人のアドバイスを無視してタイプ3男子が早めに見極められたので、彼女は新たな気持ちで婚活を始めています。

タイプ3男子に限らず、結婚に一向に本気になってくれず、時間の浪費につながる男性と付き合うのは、もしあなたが本気で結婚したいと思っているなら時間のムダというもの。結婚相手を見定めたいなら、交際開始から1年以内に「結婚を射程内に捉える」というリミットをあらかじめ設定します。

付き合ってしばらく経ち、フランクに話せる関係性が築けたら、「結婚についてどう考えてる？」「結婚したら、どういう家庭を作りたい？」「私は1年以内に結婚したいと考えてるの。あなたは何歳までに結婚したいと思ってる？」とストレートに聞いてみてください。

もちろん、唐突に問いつめては、彼も引いてしまうでしょう。結婚している友人の話をしたり、インテリアショップでデートをしたり（アドバイス35参照）など、将来の生活をイメージできるようなシチュエーションを作ったうえで話をするのです。

そんな真摯な問いに真正面から答えてくれないのは、タイプ1～3のいずれか。次の良縁に賭けましょう。

「婚活の壁」を越えられない勘違い

「好きになる人は、
なぜかみんな結婚しているんです」

UEKUSA ADVICE
植草アドバイス

# 28

既婚者ほど
魅力的に映るもの。
でも、不倫している間は
幸せになれないからね。

# 既婚男性が魅力的な理由

「好きになった人が結婚していただけ」

そうおっしゃる女性は少なくありません。既婚男性ほど魅力的に映るのは当然のこと。それには理由があるのです。


一つめは、既婚男性の経験値です。

「釣った魚にエサをやらない」とばかりに、男性が上から目線で妻をないがしろにできたのは昭和までの話。共働きが増えて、カップルによっては妻も夫と同等かそれ以上の生活力があるというケースも珍しくない現代。結婚したからといって安心し切ってオジさん路線を突き進んでいると、妻から「こんなダメ夫はもううんざり。スパッと別れて、もっと素敵な男性を探そう」と切り捨てられる恐れもあります。ですから既婚男性も独身時代と変わらず身だしなみに気を配り、女性をリスペクトするようになっています。

しかも、ダサい夫と一緒にいるのはイヤだという妻から教育的指導を受けて、若いときよりさらに磨かれていますから、若い世代から見たときに、経験値の低い同世代男子にはない大人の魅力が感じられるのも当然なのです。

既婚男性が魅力的に見えるもう一つの理由はコミュ力です。

男性がずっと独身でいるとなかなか上達できないポイントの一つに、女性とのコミュニケーションがあります。たとえば女性は、ただただ話を聞いてほしいという気持ちで、「聞いて、聞いて！　こんなことがあったの〜」と相談を持ちかけることがあります。男性に「こうしたほうがよかったんじゃない？」などとアドバイスしてほしいわけではありません。女性としては上から目線のアドバイスより、とにかく話を聞いてもらえることが大事。うんうんとうなずき、「それは大変だったね」などと相槌を打ちながら、こちらの気が済むまで話を聞いてもらいたいわけです（アドバイス9で触れたように婚活デートでそれを繰り返すのはタブーですが）。

こうした女性心理がわからない独身男性は聞く耳を持たず、女性たちから「私のことを何もわかっていない。わかってくれようとしてくれない」とバッサリ断罪されます。その点、結婚生活で女性とのコミュニケーションに慣れている既婚男性は、女性のちょっとした愚痴や相談にも付き合ってくれます。これも、独身男性より既婚男性のほうが女性に魅力的に映る理由です。

つまり、既婚男性が魅力的なのは、彼の妻による指導と妻とのコミュニケーションによって磨かれた結果なのです。そう考えると、既婚男性の魅力にときめいている時間があれば、「あなたこそもっと自分の魅力を磨く努力をしたら？」と婚活女子には言いたくなります。

## 不倫は今すぐおやめなさい

「魅力的」と、ときめいているくらいならいいのですが、実際に不倫関係にはまってしまう女性も少なくありません。不倫経験が長くなればなるほど、それが婚活の大きなハードルとなり、苦戦するケースを多々見てきました。経験値の高い年上男性と同年代の男子を比較してしまうのがその大きな理由です。

女性の不倫相手は、年上で財力もあることがほとんど。向こうは若い女性と不倫をしているという負い目もありますから、デート代もホテル代も全部出してくれます。折に触れて素敵なプレゼントも贈ってくれるでしょう。旅行代だって奮発してくれるでしょう。そんなふうに、自分のために惜しげもなくお金を使ってもらえると、女性は「私は愛されている。大事にされている」と誤解します。そのノリでいざ婚活をスタートさせると、相手が自分にどのくらいお金を使ってくれるかで、愛情の深さや結婚相手として相応しいかどうかを判断しがち。これでは普通の婚活男子は逃げ出します。

年上で財力も豊かな不倫相手には、恋愛経験が豊富で、女性の扱いにも手慣れている人もいます。そんな相手と長年交際していると、恋愛経験が少ない今どきの草食系男子は物足りなく感じることもあるでしょう。

勤務先の2回り年上の病院長と不倫をしていた20代の受付嬢U子さんは、30歳の壁を前に不倫を清算して婚活を始めました。

ところが、仮交際を始めた30代草食系男子を頼りないと思ったのか、U子さんは「これを読んで少しは女性の扱いを勉強しなさい！」と、あろうことか渡辺淳一さんの著作を3冊プレゼント。渡辺淳一さんの作品では不倫や愛人が肯定的に描かれることも多いので、彼女には共感する部分が多かったのかも。ですが、婚活に本気な草食系男子が読んでも得るところは少なかったのでしょう。溝が深すぎ、2人はそれ以上進展しませんでした。

33歳の銀行員のK佳さんは、15歳年上の上司と不倫関係を5年間続けました。

相手は、典型的な〝別れる別れる詐欺師〟。「妻と別れて、君と一緒になる」が口癖でしたが、スマホに保存されていた映像を偶然目にしたことがきっかけとなり、その言葉とは裏腹に、休日のたびに仲良く家族旅行に出かけているらしいと判明。彼に家庭を捨てる気はゼロであり、自分は単なる若いセフレだったと気づいたK佳さんは、「不倫はもうこりごり！」とマリーミーに入って婚活をスタートさせました。

不倫相手に甘やかされていた彼女は、始めは誰をマッチングしても「みんな幼稚でケチ」と文句をつけてばかりでした。でも、狡猾《こうかつ》な不倫相手と真面目な婚活男子を比べてはダメだとカウンセリングを繰り返した結果、休日デートを重ねた36歳の大学教員と「休みの日も一緒にいられるのが当たり前の関係」の大切さに気づき、入会から半年で成婚しました。

不倫の背後には必ず傷つく人がいます。自分が結婚をしたら、傷つく立場になる可能性もあることを考えたら、今すぐやめるのが賢明というものです。

「婚活の壁」を越えられない勘違い

NG

# 「一緒に住んでみてからのほうが、結婚生活をイメージできていいわよね」

UEKUSA ADVICE
植草アドバイス
29

## 同棲するなら期間限定で。
## 都合のいい女に
## 墜ちちゃダメよ。

# 結婚したいなら同棲はやめておきましょう

結婚を前提とする／しないにかかわらず、交際が同棲に発展するカップルは少なくありません。ただし、もしその彼と結婚したいのなら、同棲はおすすめしません。

同棲が結婚への助走期間と信じているのは女性だけ。「デートの時間を作らなくてよくてラクだから」「料理掃除洗濯をしてもらえてラクだから」「好きなときにセックスできるから」という都合のいい理由で、なし崩し的に同居を始める男性もいます。ズルズルと数年一緒に暮らした挙句、新鮮さを失い、他に好きな人ができたという理由で捨てられる、というケースは後を絶ちません。

同棲をめぐるそんな〝不都合な真実〟に目をつぶっていたために傷ついて、マリーミーに入会してきた1人が、27歳の銀行員のH音さんでした。

彼女は、共通の友人の紹介で知り合った同い年の公認会計士の男性と意気投合。出会ってすぐに同棲を始めました。会計事務所を経営する男性の両親は資産家。勤めていた銀行も退職して、その両親が所有するアパートの1室で暮らし始めたのです。

H音さんは、「同棲は、結婚の予行演習のようなもの」と軽く考えていたようですが、実態は違いました。「ちょっと手伝ってくれない？」という彼からの誘いを「頼られて嬉しい！」と感激した彼女は、同棲先から両親の会計事務所へと毎日出勤。銀行員としての経験を生かし、彼と両親の仕事をサポートすることになったのです。

初めのうちは、結婚の予行演習だと言い聞かせて我慢していた彼女ですが、アルバイト程度の給料でハードワークを強いられているのに、結婚へ向けた話し合いは一向に始まりません。1年ほどこの不毛な生活を続けた彼女は、「結局、自分は安価な働き手として便利に使われているだけだ！」とようやく気づいて関係を断つ決意をしたのです。

同棲を結婚へのステップと考えているなら、最低限守ってほしいルールがあります。それは次の4つです。

**【結婚を前提とした同棲のルール】**

**①同棲期間を決める**

⇩「近いうちに結婚します」ではダメ。「近いうち」とは、一体いつなのでしょうか。結婚式と入籍の日を決めたうえで、「これから1年間は彼のマンションで同棲して、浮いたお金を貯金して結婚資金に当てる」などと宣言しましょう。

**②お互いの両親に「結婚前提で同棲します」と伝える**

⇩なぜ結婚前に同棲するのか。納得できる理由をきちんと説明してください。両親に理由を説明できないような同棲は、ロクなものではありません。

**③同棲中のお金の問題をクリアにしておく**

⇩毎月の家賃だけではなく、水道光熱費のような固定費、新規購入した家具代などを、どちらがどのくらい負担するかをはっきりさせましょう。どちらかが住んでいるところに、もう一方が転がり込む場合、とくにお金の問題をうやむやにすると、後になって深刻な不協和音が発生。結婚へ向かうどころか、同棲自体が早期に空中分解しかねません。

**④先々のお金の問題も、同棲中に解決しておく**

⇩同棲の延長線上に結婚があるなら、同棲中のお金の問題を解決すると同時に、来るべき結婚生活のお金についても語り合っておきましょう。

NG

「婚活の壁」を越えられない勘違い

## 「いろいろ問題はあるけど、やっぱり彼、優しいところがあるから」

UEKUSA ADVICE
植草アドバイス
30

## 相手が「優しい」は当たり前条件だからね。初めは誰でも優しいの。

# ダメ男を引き寄せてませんか？

悲しいことに、配偶者や親密な関係にある人からの暴力、DV（ドメスティック・バイオレンス）がメディアで話題にならない日はありません。なかでも、言葉や支配的な態度による精神的なDVは、モラル・ハラスメント（モラハラ）と呼ばれています。

私のところにも、過去にDVやモラハラに悩まされた苦い経験がある女性から「こんな私でも婚活できますか？」という相談が寄せられることがあります。

DVやモラハラは、もちろん200％相手が悪いのです。ただ見ていると、女性の側にもそうしたダメ男につけ込まれる要因が隠れているな、と思うことも。これまで見てきたダメ男を引き寄せやすい女性の共通項はこちらです。次のリストで当てはまる項目がないかチェックしてみてください。

**【ダメ男ホイホイ・チェックリスト】**

**□ ①付き合ったら、職場や家にいつも送り迎えしてほしい。**

□②彼からマメに連絡が欲しい。
□③自分よりも彼の都合を優先したい。
□④自分はモテないと思っている。
□⑤手をつなぐより、肩を抱き寄せられる方が好き。
□⑥「お前」「オイ」などと呼ばれたり、呼び捨てされたりするとキュンとする。
□⑦乱暴なオレ様口調は嫌いではない。
□⑧やっぱり壁ドンされたい。

3つ以上当てはまる人は、DV男、モラハラ男を引き寄せ、つけ込まれる素質アリ、です。

27歳の公務員のN香さんも、過去にモラハラ男に悩まされた経験の持ち主でした。優しいところに惹かれて付き合っていたのは初めのうちだけ。気づくと束縛がひどくなり、とくに困惑したのが、毎日のように職場まで車で迎えに来られたことでした。モラハラ男には、最初だけ仮面を被り、優しく振る舞うタイプが少なくありません。付き合ってしばらく経つと、本性が現れるのです。

車での送迎も最初は愛情表現だと思っていたのですが、毎日では、残業を頼まれても応えられませんし、友達付き合いもできなくなります。次第に暴言などのモラハラが目立ち始め、慌てて別れ話をしたものの、その後もしつこく連絡が来て困っていました。

DVやモラハラは絶対悪ですが、彼女は自分にもそんな絶対悪につけ込まれる要因があるのではないかと疑心暗鬼になっていました。今後誰と交際しても同じことが起こるのではと、自信をなくしています。そこで前述のチェックリストで評価してみると、そのうち4項目（1、2、3、7）が当てはまっていました。

カウンセリングで背景を探ってみると、彼女の父親がものすごい亭主関白で、母親は父親の言うことを何でも聞かざるを得ない状況。それでも父親はかなりのイケメンで、母親はそんな夫に一途《いちず》。文句一つ言わないという関係性とのこと。彼女自身も父親が大好きなファザコンであり、そうした家庭環境も彼女の男性観に深く影響しているように思えました。

N香さんに私は、DVともモラハラとも縁遠い、今どきの草食系男子とのお見合いをセッティングしました。35歳までで年収600万円以上という彼女の要望に合致している相手です（これは20～30代婚活女子のごく標準的な希望条件です）。

お見合いから仮交際に進んだ頃、N香さんに「デートでどんな会話をしましたか?」「デート後、彼から連絡が来ますか?」と聞いてみました。すると彼女からは、「デートでは彼は自分の話よりも、私の話をたくさん聞いてくれました」という答えにプラスして、「次のデートのお誘いはいただきましたが、それ以外は毎日のように連絡が来るわけではありません」という答え。男性はもっとグイグイくるものだと思っていたからか、案の定、少々物足りなさそうな口調です。それを察した私は「よかったじゃない! 交際は順調だね!」と全力で肯定しました。彼女の常識が、カップルの交際の常識ではないと早くわかってほしかったのです。

こじらせていた彼女も、DV男でもモラハラ男でもない、現代的な草食系男子たち数名と交際を重ねるうちに、「こういう控えめな愛情表現もある」と納得できるようになったようです。そのうちの1人と半年後に成婚に至ったのです。

# CHAPTER 05

# 「どんな相手と結婚したら幸せになれるのかわからない」の壁

「婚活の壁」を越えられない勘違い

NG

## 「なるべく高収入な男性と結婚して、ラクな生活を送りたいわ」

UEKUSA ADVICE
植草アドバイス

31

**結婚でお姫様にはなれないの。お姫様はディズニー映画にしかいないわ。**

# 結婚にキラキラした夢、見てませんか？

マリーミーの男性会員の年収は平均800万円ですが、なかには億を軽く超える超エリートもいます。現在絶賛マッチング中の32歳の男性の年収は、5億円を超えています。

彼は、コンピュータプログラミングの天才。アメリカでIT企業を立ち上げる気鋭の起業家から、大学院卒業の2ヵ月前にスカウトされて、大学院を卒業と同時に渡米。そのIT企業を成長軌道に乗せた結果、現在の年収は5億円を突破しているのです。

インターネットにつながっていれば、プログラミングの仕事はどこにいても行えます。コロナ禍もあり、彼は8年ぶりに帰国して現在は東京で暮らしています。久しぶりに祖国日本で暮らし、同世代の同業者の多くが結婚して家庭を築いている現実を目の当たりにするようになり、結婚を真剣に考えるようになったそう。

ただ、彼は子ども時代からゲームオタクの超インドア派。学生時代から現在まで、24時間プログラミングに没頭する毎日を送ってきました。いわゆる草食系で女性と付き合った経験がゼロに等しいので自分で探すよりも効率的だと考えてマリーミーへの入会を決めたのです。

プロフィールに本当の年収を書くと、一攫千金《いっかく》&玉の輿《こし》狙いの女性からの交際申し込みが殺到するのは目に見えています。ですから、彼と話し合い、年収は3000万円ということにしておきました。年収3000万円でも十二分に魅力的。案の定、20代のキラキラ女子からのオファーが殺到しました。

彼女たちは1人残らず玉の輿狙い。典型的なのは、父親が上場会社の重役か会社経営者で、都内の私立大学を卒業し、父親のコネで入った会社で気楽に働いているというパターンです。キラキラしているのは、自分磨きに好きなだけお金がかけられるからです。世間と比べて恵まれた人生を送ってきたキラキラ女子はこれといった苦労をした経験がなく、これから苦労するつもりもありません。見かけはイマドキでも、結婚＝永久就職という昭和な価値観が抜けず、キャリア志向は一切なし。結婚したら仕事はさっさと辞め、夫の稼ぎでラクに暮らしたいと思っています。ですから、年収が高い男性が入会してくると、速攻で交際申し込みを入れるのです。

女性経験に乏しい草食系男子には刺激がやや強すぎるとも思いましたが、最初のうちに玉の輿狙いの女性とのバトルを経験してみるのも悪くないと考え直して、そのうちの数人とマッチングしました。

彼女たちと仮交際でデートをするうち、彼は心の底から驚いたようでした。なぜなら、全員が全員揃って、結婚後の夢のような暮らしを一方的にまくしたてたからです。「家政婦さんがほしい」「都心の駅近の一戸建てに住みたい」「自家用車はメルセデスのCクラスとGクラスの2台」といった彼女たちの言い分を散々聞かされた彼は、「働かなくても自分の願いが無条件で何でも叶うと思い込んでいるのがスゴい。結婚すれば、一夜にしてお姫様になれるとでも思っているのでしょうか?」と呆れていました。彼はアメリカで成功するまでには人に言えない苦労をしていますから、苦労を知らずに育ったキラキラ女子たちの結婚観に違和感しかなかったようです。

どんなに年収がある男性でも、最初から女性に「これだけ稼いでいるんだから、贅沢な生活させてもらえますよね?」というスタンスでこられたら「結婚したら、一体どれだけ使わせられるんだろう……」と、ドン引きするのが当たり前です。以降、彼の希望により、年収につられたお嬢様軍団のオファーはすべてブロック。現在は苦労を厭《いと》わず、温かい家庭を一緒に作ってくれる女性を探しているところです。

## 「結婚＝永久就職」の時代ではありません

結婚＝永久就職であり、夫の稼ぎでラクに暮らせると思う勘違い女性がいる背景には、古い価値観にしがみつく毒親の存在がありそうです。

かつての日本では、結婚すると専業主婦になる女性のほうが多い時代がありました。婚活世代の親御さんには、専業主婦がメジャーな存在だった頃の価値観から抜け出せないタイプも多くいます。娘も結婚したら腰かけの仕事を辞めて家庭に入り、家事や子育てに専念したほうが幸せだと考えているのです。そんな親に洗脳され、その価値観を共有している女性たちは、時代が変わってもキラキラした夢を追いかけているのでしょう。

キラキラした夢を見ているのは、若い世代だけではありません。こんな例もあります。

先日、38歳の会社員のY子さんが、7歳年上で意中の男性から真剣交際の申し込みを受けたという報告をしてくれました。

「よかったわね。申し込みを受けますか？」と聞いたら、「はい」と即答。でも、その直後に、小さな声で「一つだけ不安があります」と付け加えたので、「何なの？」と尋ねてみました。すると彼女は、「彼、私に毎月いくらお金を使ってくれるのでしょうか？」と真顔で尋ねてきたのです。

そう聞かれて、ピンと来ました。彼女は趣味で茶道を10年ほど続けています。茶道には着物が必須ですし、それ以外にも何かとお金がかかります。現在の彼女の稼ぎの大半は、茶道に使っていたようでした。「いくらお金を使ってくれるって、どういう意味？」と確認してみると、案の定結婚したら仕事を辞めて茶道に専念したいと言い始めました。

そこで私は、「たとえ年収が3000万円の男性でもアラフォーの妻が仕事もしないでお茶ばかりやっていたら、そのうち彼は離婚を考えてしまうわよ。ましてや真剣交際を申し込んだ彼の年収は800万円。あなたが茶道だけに専念する経済的な余裕はありません。あなたはお姫様じゃないんだから、昭和な結婚観を根本から変えない限り、結婚はできないわよ。お姫様はディズニー映画のなかにしかいないの」とあえて突き放しました。

しぶしぶながら彼女はわかってくれたようで、お茶はこれまで通り趣味程度に留め、結婚後も働くことを選択。真剣交際に進んだ彼と結ばれました。

「婚活の壁」を越えられない勘違い

# 「女子会って、ストレス解消のためにも情報交換のためにも大事よね」

UEKUSA ADVICE
植草アドバイス
32

## 女子会に行っても、1円も得することはありません。

# 独身者だけの女子会は婚活の足を引っ張るだけです

彼氏の愚痴に、彼氏ができない愚痴。女子会は楽しいものです。ただし、私に言わせると、女子会は足の引っ張り合い。行くのは自由ですが、少なくとも婚活には1円も役立たないと知っておいてください。

32歳のエステティシャン、M幸さんの体験談をお話ししましょう。

彼女は、39歳の税理士さんとお見合いをしました。年収は1400万円以上。仮交際から、交際相手を1対1に絞る真剣交際まで進んだ段階で、仲良し4人組の女子会の誘いに応じました。その席で「税理士さんとの結婚を考えている」と素直に打ち明けたところ、祝福されるどころか、不安になるような話ばかり聞かされたそうです。

「税理士業界は競争相手が多くて浮き沈みが激しいらしいよ」とか「自分が大黒柱だから、病気で倒れちゃったら何の保証もなくて終わりじゃない？　大丈夫なの？」などと散々に言われて、ハッピーモードだった彼女は一転、凹んでしまいました。

女子会に参加していた4人は、彼女も含めて全員独身。彼氏もいない状況でした。そんなところで「私、結婚相談所で素敵な税理士さんを紹介されて。いい感じだから、もしかしたら近々結婚するかも～」などと能天気に告白したりしたらどうでしょう。3人が、手に持っていたナイフとフォークを思わずガチャーン！　とテーブルに落としてしまうシーンが目に浮かぶようです。

独身同士の女子会は、得てして「私たち、結婚しなくても十分幸せだよね」ということを確認する場になりがち。みんな独身だからこそ仲良くできていた関係ですから、1人だけ抜け駆けで結婚して幸せになるのは、内心面白くないのです。表面的には「よかったね～」と言いつつも悔しくて仕方ない。だから、ケチをつける。〝女子会あるある〟です。

女子会には金輪際行くな、とは言いません。学生から20代前半までなら、気の置けない友人たちと愚痴を言い合ったり、恋愛話や噂話に花を咲かせたり、共通の趣味の話で盛り上がったりするのは、日常のストレス発散になるでしょう。けれどそのうち1人、2人と結婚して女子会に顔を見せなくなると（家庭を持つとそういう時間はなくなります）、残った独身女子たちは全員がライバル。足の引っ張り合いになるのは目に見えています。そんなところへ参加する暇があるのなら、出会いのチャンスを探したほうが何倍も有益だと私は思います。

女性同士というのは、独身者は独身者同士、既婚者は既婚者同士で集まるものです。独身者と既婚者では、抱える問題や悩みが違いますから、当然と言えば当然。ですから、女性会員にはいちばん最初に、「独身者同士の女子会は禁止。行っても何もいいことはありません」と釘を刺しています。

既婚者も参加している女子会なら彼女たちの本音が聞けて有益なこともあるでしょう。「どんな人とお付き合いしているの？　30代で年収1400万円超えの税理士さん？　いいわね、私が結婚したいくらいだわ〜」と優しく味方になってくれる人がいるかも。あるいは「これから塾に行っている子どものお迎えがあるから、先に帰らなきゃ」などと言ってくれたりするので、結婚の実態が垣間見えて参考にもなります。

M幸さんから女子会の報告を受けた私は、「確かにバツ3の無職男性だったら、私でも『頭を冷やして冷静になったほうがいいんじゃない』とアドバイスするでしょうけど、相手は自分より7つ年上で専門職であり、年収も1400万円超。みんなはあなたのことが羨ましいと思って何かケチつけたいだけだから、彼女たちの話は今日からシャットアウト。耳を貸しちゃダメよ」と伝えました。

そして彼女は女子会を〝自然退会〟。その税理士さんとほどなく成婚しました。

NG

「婚活の壁」を越えられない勘違い

「やっぱりお父さん、お母さんも認める相手とじゃないと、結婚しても幸せになれないわよね」

UEKUSA ADVICE
植草アドバイス

## 33

結婚するのはあなた。あなたの親が結婚するわけじゃないからね。

# 親が口出しすると3割は破談します

ある年の瀬、仕事納めの日にスタッフ総出でオフィスの大掃除をしていると、「書類は揃えてありますから、これから至急入会させてください！」と電話がかかってきました。電話の主は、35歳で薬剤師のY子さん。年明けに、親がセッティングした相手とのお見合いがあるので、その前にお見合いのマナーを教えてほしいというのです。相談所には、結婚相手を探すだけではなく、このような依頼も寄せられます。

あまりに急すぎるので、本来ならお断りする案件ですが、年明け1月2日にお見合いが決まっているというので、特例で緊急入会をしてもらいました。すぐに、お見合いの席にどんな洋服で行くべきか、どんな会話をするのか、何を確認したらいいのかを一通りレクチャーしました。

彼女は東京で働いていますが、出身地は岡山。両親も岡山で健在です。

父親がセッティングしたお見合いの相手は、岡山で老人ホームを経営している男性の長男。37歳です。ゆくゆくは2代目社長になる予定だとか。両親としては、1人娘のY子さんに地元へ戻って結婚してほしかったのでしょう。

事前にY子さんからお見合い相手の「釣書（身上書。学歴や勤務先、家族構成などを書いたもの）」を見せてもらった私は、彼女には伝えませんでしたが、「これは難しいかもしれない」と内心思っていました。

彼は老人ホームの事務長。父親は経営者であると同時に、そのホームと契約する病院の医師も務めており、母親も姉もホームで働いていました。そこへ嫁入りするのは、アウェーな場所に単身乗り込むようなもの。薬剤師として働けたとしても、ヘタをすると無料の家政婦扱いされる恐れもあります。

Y子さんはお見合いをクリアし、1月から交際をスタートさせましたが、2月には破談に追い込まれました。相手には気に入られたのに、男性側の母親と姉が強く反対したそうです。真相は藪《やぶ》の中ですが、おそらく可愛い息子、弟を取られたくないという気持ちが働いたのでしょう。本人たちの意向を無視するのは、毒親の特徴です。

毒親がしゃしゃり出てくると、2〜3割は破談に追い込まれます。親と子どもでは価値観にジェネレーション・ギャップが大きすぎるので、話がこじれやすいのです。古い価値観が抜けない親には、いまだに「結婚するなら銀行員か商社マンがいい」と信じている人もいるくらいです（商社マンはまだしも、フィンテックなどで競争が激しくなっている銀行業界は昭和までのように安定した業界ではありません）。婚活を成功へ導きたいなら、親が口を挟まないような環境作りが大切。干渉が心配なら、「お父さん、お母さんに迷惑はかけないから、私の婚活に口出ししないで」と事前に釘を刺しておきましょう。

結婚願望が強かったY子さんは、仕切り直して今度は自分で相手を探そうと考えて、マリーミーで活動を始めました。数人と仮交際をした結果、そのうちの1人だった東京在住の38歳のプログラマーの男性と真剣交際に入りました。

真剣交際に至ると、お互いの実家に相手を紹介します。Y子さんが1回目のデートで男性の千葉の実家を訪ねた後、2回目のデートではいよいよ彼女の実家へ。2人で仲良く新幹線に乗り、岡山の実家まで出かけました。

そこで「娘さんと結婚させてください」と男性が挨拶したところ、彼女の父親から「考えさせてください」という想定外の返事が返ってきました。こちらも毒親だったのです。

まさかの展開に2人は呆然。往路の明るい雰囲気は暗転、お通夜のような暗い雰囲気でトボトボと東京へ戻ってきました。

Y子さんから報告を受けた私は、「ここまで来て親が『考えさせてくれ』はないよ。あなたもなぜ黙って帰ってきたの？　彼が好きで結婚したいんでしょ。親が保留にしたくらいで、結婚を諦めるつもりじゃないよね？」とやや強めに諫《いさ》めました。

Ｙ子さんの父親のように、意中の相手を連れていくと拒絶反応を示すケースもあります。本人同士は何度も会って交流を深めていますが、親は初めて相手に会うのですから、戸惑ったり、面食らったりするのも理解できます。おそらく父親は、地元岡山の男性と結婚をさせたかったのでしょうが、娘が見初めた相手を連れて帰ったのに、「考えさせてください」という返事は完全に非常識。大切なのは当事者たちの意向であり、親が一体何を「考える」というのでしょう。

このままでは成婚間近に親がしゃしゃり出て破談する最悪のパターンになりかねない。そう危惧した私は、Ｙ子さんに「来週、もう一度岡山に行って！」と助言しました。そして「今度は１人で乗り込み、『私の結婚を邪魔しないで！』とちゃぶ台をひっくり返して啖呵を切るくらいの勢いじゃないとね！」とけしかけました。一か八かに賭けたのです。

ウソのような話ですが、Ｙ子さんの実家の居間には本当にちゃぶ台があり、彼女は私が言った通り、ちゃぶ台をひっくり返しました。そしてこう言ったそうです。「私、今何歳だと思っているの！」。これ以上親に横やりを入れられたら、婚期を逃してしまうという心からの叫びだったのでしょう。この〝ちゃぶ台返し〟が決定打となり、岡山の両親も東京での結婚を受け入れて、2人は結婚できました。

Y子さんのケースでは、毒親のハードルをうまく乗り越えましたが、乗り越えられずに婚活市場で漂流を強いられる女性もいます。

38歳の会社員、K奈さんの場合、毒親の母親が最後までこだわったのは、相手の親の学歴でした。両親ともに大卒でないと認めないというのです。

大学進学率は現在約55％ですが、婚活世代の両親の学生時代では30％台。両親がともに大学を出ている家庭は多くありません。私が母親をそう説得しようとしたのですが、ムダでした。

私は、K奈さんと東大卒の41歳のキャリア官僚（国家公務員）をマッチングしたのですが、彼の母親が高卒だったので、K奈さんの母親が頑《かたく》なに反対。K奈さんと母親は、いわゆる一卵性母娘のような密な関係だったので、「親の学歴なんて私には関係ない！」と強く反発できませんでした。2人は惹かれ合っていたのですが、破談に至りました。

ちなみに、キャリア官僚は高スペックでしたから、K奈さんと別れた瞬間、多くの女性から申し込みが殺到。あっという間に成婚してしまいました。

「婚活の壁」を越えられない勘違い

NG

「きっとどこかに
私の王子様がいるはず！」

UEKUSA ADVICE
植草
アドバイス

34

選ばれるのを
ただ待っていたら、
シンデレラには
なれません。

# 理想の人との結婚は待っているだけでは手に入りません

「私もここまで独身だったんだし、せっかく結婚するなら妥協はできないわ！」

40代や50代で素敵な男性と結婚しているセレブのニュースを見聞きして、こんなふうに決意を新たにしている方、いませんか？

いくつになっても理想の相手が見つかるのは、女優さんやハリウッドセレブの話。一般的には女性は40歳まで独身だと、その後結婚できる確率はガクンと下がるというのが、残念ながら事実です。40代の未婚女性が結婚できる確率は1％ほど、つまり100人にたった1人という衝撃のデータもあります（総務省「令和2年国勢調査」より）。40代に入ると、ぼんやり待っているだけでは、望みの条件の人と結婚できる確率は下がる一方だと考えたほうがいいでしょう。

保育園で働く栄養士のIさんがマリーミーに入会したときの年齢は40歳。年収は350万円ほどでした。大学を出て以来、Iさんの職場はずっと保育園。まわりは大半が女性の保育士と可愛い子どもたちですから、それまで男性と付き合った経験は数えるほどしかありませんでした。

ぽっちゃりタイプで、ファッションも垢抜けない自分を変えたいという自覚もあり、彼女はマリーミーの「女子力アップレッスン」を受けてくれました。このレッスンでは、男性受けする話し方、所作、立ち振る舞いを学びます。さらにメイクレッスン、ヘアアレンジレッスン、ファッションコーディネートなどをそれぞれの専門家から学び、総合的に女子力アップのプロデュースを受けるのです。

レッスンの卒業式では、ご褒美で私のカウンセリングが受けられます。

彼女の婚活自体は他のカウンセラーの担当でしたから、「今どんな人と交際しているの？」とあらためて聞いてみたら、60歳で年収３０００万円超えのバツ２医師と、40代で年収４５０万円のメーカー勤務男性という2人と真剣交際の寸前まで進んでいる段階でした。レッスンを受けている間にカラダを絞ってお洒落になり、髪型もメイクもちゃんと整えられるようになって女子力が徐々に上がり、お見合いから真剣交際寸前まで進む相手が出てきていたのです。

３０００万円超えという年収は魅力的でしたが、Iさんは60歳の男性との結婚は考えられないと思っていたようでした。40代男性に心が傾きかけている様子だったので、「この後もずっと栄養士さんとして保育園で働き続けられますか？」と聞いてみました。すると「できたら働きたくない。専業主婦になりたいです」という返事が返ってきたのです。

彼女のように「頑張って働いてきたのだから、結婚したら少しはラクしたい。たまにパートで働くくらいで十分」と考える人は少なくありません。ただ、夫が年収450万円だと、妻がパートで働く程度では家計はラクとは言えません。彼女が働き続けても350万円＋450万円で家計年収は800万円。さらに「結婚後、どこに住みたいの？」と聞いてみると、「都内でオートロック付きのマンションがいい。広さは70平米以上で間取りは2LDK」とかなり具体的なビジョンを持っていました。

そこで私が、「その条件だと家賃は20〜25万円はかかる。あなたが働き続けても家計年収は800万円。家賃は手取り年収の3分の1が上限だから、住居費に年間300万円も払うゆとりはないと思うよ」と指摘しました。「では、栄養士の資格を生かして週3回、パン屋さんで3時間くらいパートに出ます」と彼女。しかし、時給1100円で3時間×週3回働いても、月収4万円にしかなりません。

Iさんの結婚後の理想の暮らしを実現するためにも、私は60歳医師を強くすすめました。彼女も、自分の希望を具体的に積み上げてみると、「専業主婦で都内のマンション暮らし」

という夢を叶えるには、そちらのほうが現実的な選択だと気づいたようでした。60歳医師は年収3000万円超えなので、30代女性からのアプローチもありました。それでも最終的にIさんを選んだ背景には、こんなエピソードがあったのです。

仮交際中の4回目のデートで、2人は東京・高尾山に行く計画を立てました。ところが、彼が待ち合わせ場所で財布を忘れたことに気づき、自宅まで取りに戻る間、駅近のカフェで待っていてほしいと言われました。

そこで彼女が「カフェで待つのもつまらないから、私もついて行きます」と自宅を訪ねてみると、彼が新しく建てた病院に隣接する住まいに引っ越して半年経つのに、室内にはダンボール箱が積み上がっていたそう。忙しくて片付ける暇がなかったのでしょう。

無事に財布を確保し、その日は高尾山デートを楽しみましたが、担当カウンセラーを介して「ダンボールが積み上がっていたそうです」という報告があったので、これは千載一遇のチャンスだと私は直感。「次のお休み、軍手とエプロンを持って彼の自宅に飛んで行って、片付けを手伝って差し上げたら？」とアドバイスしました。

助言通り、休日にIさんは彼の家へ出向き、未開封のダンボール30箱開けて片付けたそうです。夕方、彼が「お腹が空いてきた」と言い出したので、ここぞとばかりに「お買い物に行ってきます！」とエプロンを外してお財布を持ち、スーパーに食材を買いに行ったのです。そしてササッと料理を3品作って出しました。栄養士ですから、そこはお手の物。その姿に彼が感激し、食事の後にはもうプロポーズされました。

前妻も前々妻も家庭的ではなく、家事は家政婦さんにすべて任せっきりだったとか。その点、彼女は部屋の片づけの手伝いを率先してやってくれましたし、手際よく美味しい手料理も作ってくれました。その点に彼は惹かれたのでしょう。

成婚して4ヵ月後、Iさんはオフィスまでお礼に来てくれました。私が単刀直入に「幸せ？」と聞いたら、彼女は「幸せです！」と即答。重ねて「どうして？」と尋ねたら、「私、院長夫人なんです。看護師さんは奥様と呼んでくれますし、親戚たちからは〝シンデレラ〟と呼ばれています」と笑顔で答えてくれました。

20代は、シンデレラのように王子様との出会いを待つ夢を見るのもいいでしょう。けれど30代以降は、選ばれるのをじっと待つのではなく、相手のニーズを捉えてアタックする積極性が必要です。確かに、手伝いに行ったり手料理を作ったりするのは打算的すぎる、と思う人もいるかもしれません。ただし、40代でシンデレラになることを可能にするのは、打算的なくらいの戦略があればこそ、なのです。

NG

「婚活の壁」を越えられない勘違い

「初めてのデート、すごく楽しかった！
彼も私のことをきっと気に入ってくれたはず」

UEKUSA ADVICE
植草アドバイス

# 35

〝遠足デート〟では
結婚に1ミリも
近づきません。

# IKEAデートで結婚後の生活をイメージして

「すごく楽しかったです！　手応えバッチリ！」

1回目のデートの後に、そんなふうに嬉しそうに報告してくれる女性に限って、後日先方から「交際終了」の連絡が入る、というケースが多々あります。

本人は「なぜ？」と思っているようですが、私にははっきり理由がわかっています。それはまさに、彼女にとってデートが楽しすぎたから。若いカップルのデートなら、何も考えないで一緒の時間を満喫すればいいでしょう。でも、楽しいだけの〝遠足デート〟では婚活デートとしては失敗なのです。

婚活デートは、遠足でも、世間話をする場所でもありません。プロフィールやお見合いの席ではわからない、相手の価値観や人柄を探ったり、自分のアピールポイントを印象づける絶好の機会。「あー、今日も楽しかった！」と思えるだけで何も収穫がない〝遠足デート〟を何度重ねていても、結婚には1ミリも近づけないのです。

遠足デートからなかなか抜け出せないカップルに私が推奨しているのは、ＩＫＥＡでのデート。ご存じ、スウェーデン発祥の世界的な家具&インテリアストアであるＩＫＥＡへ、2人で出かけてみるのです。ＩＫＥＡは日本全国に12店舗あります。生活圏に見当たらなければ、無印良品でもいいでしょう。こちらは全国に５００店舗近くあります。

リビング家具、キッチン用品、寝具、キッズ用品……。ＩＫＥＡには、結婚後の生活が具体的にイメージしやすいアイテムが数多く並んでいます。

そこを2人でぶらぶらと歩きながら、リビングに置くならソファはどれがいいのか、キッチンテーブルはどういうタイプを選ぶか、ベッドは何が好みなのか、などをざっくばらんに語り合うのです。ＩＫＥＡにはレストランが併設されていますから、お腹が空いたらランチ休憩をはさみ、ゆっくり過ごしましょう（無料でデートに使わせてもらっているのですから、帰る前に雑貨の1点くらいは購入したいものです）。

家具やインテリアを見て、触って、使い勝手を確かめながら、会話を交わしているうちに、結婚後の生活がリアルに想像できるようになります。この段階で2人のイメージがマッチし、平日帰宅後のリビングでの様子や、休日のキッチンでのシーンが自然に浮かんでくるようなら、お互いに結婚とより積極的に向き合えるようになるでしょう。

逆に結婚生活のイメージがまったく合わず、リアルな場面を思い描けないなら、年齢や年収といったスペックがいくら魅力的でも、結婚への道は厳しいかも。ゴリ押しして籍を入れても、遅かれ早かれ破綻《はたん》するのではないでしょうか。

そもそもIKEAデートに乗ってこなかったり、デート中の態度が塩対応だったりするなら、相手はまだ結婚の準備ができていないと考えて諦めましょう。無理筋を追求して道草している時間はもったいないのです。

27歳の接客業のM穂さんは、IKEAデートがきっかけとなり、31歳で年収1000万円のエリートサラリーマンと結ばれました。

M穂さんは、自宅に生花をいつも飾っている大の花好き。IKEAでも、北欧デザインのお洒落なフラワーベース（花瓶）を早速見つけてテンションが上がり、「この花瓶、素敵。季節の花を飾りたいな。花が一輪あるだけで、部屋はパッと明るくなりますよね」と彼に嬉しそうに話しかけました。

キッチンにはこの花瓶、リビングにはこの花瓶と、ニコニコしながら想像力をふくらませるM穂さんを見ているうちに、男性も幸せな気分になり、「この人となら、明るい家庭が築けそうだ」とポジティブな気持ちが高まりました。その日のデートで2人の距離はぐっと縮まり、仮交際から真剣交際へ進んで成婚しました。男性は実家でも1人暮らしの部屋でも、花を飾る習慣がなかったそうなので、花好きのM穂さんが余計新鮮に感じられたのでしょう。

当然ですがデートにＩＫＥＡへ誘う際、「結婚後のイメージのすり合わせをしたいから、一緒に来てくれない？」などと言ったら、相手にドン引きされます。「気になるソファがあるの。デザインは好きなんだけど、現物を見て座り心地を確かめたいから、次の週末に付き合ってくれない？　お礼にランチをご馳走させてね」などと、スマートに誘うようにするのが正解です。

SPECIAL

# TALK

特別対談

# 植草美幸
# ×
# 東村アキコ

## モテる女におなりなさい

恋愛・婚活のリアルを描かせたら当代随一の
漫画家・東村アキコさんとの対談が実現。
女が幸せになるために必要なこととは何なのか!?
胸に刺さりまくる処方箋を贈ります。

# 女の時間には限りがある

**東村**　私が植草先生のことを知ったのは「ザ・ノンフィクション」（＊1）なんです。あれを見て、「すごい方がいらっしゃる！　なぜ今まで知らなかったのだろう！」とファンになって。それからはいつも仕事中に、植草先生のYouTube番組を流して聞いてます。とんでもない恋愛相談がざくざく出てきて、そのお悩みへのお答えが、思いも寄らない着地点にいくのに感銘を受けています。

**植草**　それはありがとうございます。私も『東京タラレバ娘』（＊2）読みました。めちゃくちゃ面白い！（笑）

**東村**　えっ、そんな先生、お忙しいのに！　ありがとうございます！　あれは、東京オリンピックが決まったときだから、10年くらい前の漫画ですね。今は、あの時とはまたちょっと婚活のノリが変わってきているとは思うんですけれど。「これ読んで結婚しました」っていう方がけっこう多くて。

**植草**　女の子たちが『東京タラレバ娘』読んで結婚したポイントは何だったんでしょう？

東村　私の周りには「結婚したい」って言っている独身女子が多くて。あれを描くにあたって、彼女たちに向けて伝えるテーマを一つだけ決めたんです。それは「時間には限りがある」ということ。

植草　おっしゃる通り。

東村　「相手を選り好みするな」とか「イケメンを選ぶな」とかっていうことまで言うのは、私の職業だと、憚《はばか》られるんです。いや、本当はそう思ってるんですよ。でも、それを言わず、とにかく「時間」っていうのをテーマにしようと思ったんです。それがやたら独身女子を焦らせることになったみたいで。でも私、昭和50年生まれの47歳なんですけど、人生を歩んできて、いかに20代後半からが一瞬だったか！　ということを身をもって知っているんで。すぐ「その歳」になっちゃうよ！　ということを言おうと思って描いた漫画です。

植草　本当にそうです。だいたいマリーミーにいらっしゃる方って、35歳過ぎて駆け込んできて、「仕事は私に報いてくれなかった」とおっしゃるんですね。「仕事を一生懸命やってきました。男性並みに働いて、年収1千万円超えました。でも、私の人生、何も報われていない」。そういうことです。

＊1　2022年1月16日・23日フジテレビ系にて放送のドキュメンタリー番組。マリーミーの女性会員さんの婚活を追った回。
＊2　『Kiss』（講談社）にて2014年5月号〜2017年6月号連載の大ヒットコミック。アラサー女子3人組の恋愛や婚活の行方を描き、ドラマ化もされた。

**東村**　これびっくりするんですが、私、20代で東京に出てきてから、結婚式にまったく行ってないんですよね。行ったのはアシスタントの結婚式1回くらいですかね。誰も結婚しないんですよ‼　こんなに知り合いが多いのに‼　私ばっかり2回も結婚して、同世代の女友だちが誰も結婚しない。一人がいいなら、それはそれでいいんです。でも、みんな恐ろしいことに、年賀状に「今年こそ結婚します」って書いてくるんですよ！　だから毎年、年賀状見ると「あ、結婚したいと思ってるんだ」と思うんですよ。

**植草**　そうですねえ。結婚したくない人はそれも自由です。でも結婚したいのにちゃんと婚活してない人たちが一番困っちゃう。

**東村**　私の友だちのアラフォー軍団がいるんです。キャリアウーマンですよ。みんなキレイだし、お洒落だし、仕事もできるし、すごくいい人たち。みんな結婚しそびれてて、「いつか現れる」と思って、あっという間に10年くらい経っちゃってる。

**植草**　現れませんよ。魔法は起きない。

**東村**　だって、いい感じの男性は、もう売れちゃってるじゃないですか。私もたとえば出版社で「この人よさそう。性格もいいし独身っぽい！」と思う男の人がいると「あの子にどうかな？」って思って聞くんですよ。そしたら絶対結婚してるんですよね。女の人はみんな独身ですけど。なんでなんですかね⁉

植草　どこも男性はほとんど結婚してて、女性が余ってる。30過ぎると苦労します。

東村　あ、このアラフォー軍団の話はネタにしても大丈夫なんですけど、ホームパーティの話をしますね。そのアラフォー軍団は、みんなお酒が好きだから「飲もうよ」って、よくうちに集まるんですね。そのとき、いっつもお土産を買ってきてくれるんだけど、デパ地下でワインとか生ハムとかチーズとかを買ってくるんです。

植草　お洒落にね。

東村　そう、お洒落に。そこがダメな気がする。

植草　メンチカツ持ってこいよ！　って？

東村　そうそう、あとイカの一夜干しとか。生ハムって、25のときで感性が止まってるじゃん！　って。わかります!?

植草　わかるわかる。デイリーなものを持ってくればいいのに、カッコつけたチーズだのなんだのって、誰が食べるんだ？　ってことでしょ。

東村　で、誰も食べないんですよ。だって、25のときはワインと訳わかんないチーズ食べたりしてたけど、私も47だし、そういうお洒落なものをあんまり食べなくなってしまって……。もちろんお店で出てきたら食べるけど、家でトレーナーで、女同士でお酒飲みながら愚痴るだけなんだから！

# 「今、この瞬間」モテなきゃダメです

**東村**　1回、私の知り合いの30歳くらいの男の子を2〜3人、その集まりに呼んだことがあったんです。男の子がいたら場が華やぐかな、と思って。私が一番怖いと思ったのは、そのときですね。アラフォー軍団が、その男の子たちにめっちゃ当たりがキツいんですよ。「なんでそんな髪型なの？　似合ってなくない？」とか「その服、どこで買ったの!?」とか言うんですよ。

**植草**　ああ〜。イジるのね。

**東村**　そう、イジるんです。私は「そういうのはダメだよ」って言ったんです。面白いと思ってるのかもしれないけど、私が思うに、その男の子が若いとか歳が離れているとか、年上年下は置いといて、今日！　今！　その子にモテないとダメなんだ、と。恋愛しろ、とまでは言わないけど、その男の子に「ああ、素敵な人だな」って思われる〝今〟を過ごさないとダメなんだ、と思うんですよ。一方で、既婚者のいる仕事の飲み会にその子たちを連れて行くと、既婚者たちは「わあ、こんなに若いイケメンと飲めて、今日はすごくラッキー！」とか言ってくれるから、場が和やかになるんですよ。

植草　初対面の人に、それは失礼ですよね。自分がその子たちとドラマチックなことがあるとは思ってないから、マウンティングしてやろう、くらいのつもりなんですね。たとえその子たちと何かなくても、初対面の人に「感じがいい」と思わせるのはとても大切だし、人として基本的なマナーですよ。その子たちが「あ、この人素敵だな」と思ったら、職場の先輩やお兄さんを紹介してくれるかもしれないし、どんな展開があるかわからないですからね。

東村　韓ドラヒロインぽい接し方なんですよね。韓国ドラマの女の人って、最初はすごく攻撃的で「はあ？　あんたなんかね」みたいに言うんだけど、屋台で飲むと酔っ払って泣く、みたいな感じなんですよ。で、男の人がおんぶして帰るんです。

植草　ええ〜っ、そうなんだ（笑）。

東村　そうですそうです。いきなり泣いたり、いきなり親とのトラウマを語り出したり、「私のパパは絵描きで、でも死んじゃったの」とか言い出したりするんですよ！　で、それがステレオタイプになってる層が一定数いて、私それ、ヤバいと思ってるんですよ。漫画家みたいなそういう話を作ってる側からすると、摩擦を起こさないとストーリーにならないから、主人公がツンツンしてるんです。イレギュラーなケースだから漫画やドラマになるんであって、日常生活ではそれは通用しないですよ。

# デートは〝事情聴取〟です

**東村**　私、先生におうかがいしたかったことがあって。私はおしゃべり好きだし、昔から人とのコミュニケーションに困ることはないんですよ。若い頃から、「この子いいな」と思うとすぐ話しかけて、面白いこと言って笑わせて仲良くなる、みたいなことができたから、その苦労はないんです。でもたとえば「この子とこの子がくっつかないかな」と思って知り合い同士をマッチングさせることがあったりしても、お互いに話が盛り上がらない、ということが多いんですよ。そういう出会いを進展させようというとき、おしゃべりが苦手、話が面白くない、っていう問題、ありませんか？

**植草**　それ、すごく多いです。お見合いしても「相手の話がつまんなかった」って言うんですよね、女性たち。でも、本当はつまらなくていいんです。お見合いって〝事情聴取〟しに行くだけですから。でも、会話がポンポンポンっていかないと「つまんなかった」って人のせいにして、ＮＧ出しちゃうんですよね。

**東村**　そっか、事情聴取なんだ！

植草　そう、事情聴取です。その人の身の回りのこと、時間の使い方、お金の使い方、人間関係。1時間のお見合いで、話そうと思ったら千個でも質問できますよ。できない子のためには台本を作って、質問と回答のキャッチボールのロールプレイングまでします。たとえば〝逆時系列トーク〟です。「今のお仕事は○○なんですね」「なんでその会社に行ったんですか?」「どうやって就職活動したんですか?」「学生時代は何してたんですか?」って、時系列を遡っていくんです。そうするといくらでも質問は出てきて、気がついたら相手の親が恋愛結婚か見合い結婚かまで遡ってて、その先にはおじいちゃんが資産家だったとか、おばあちゃんと駆け落ちしたとか、そこまで聞いて、もう時間切れです。

東村　なるほどなるほど。そっか、すごすぎる!!　よくある失敗例は「好きな映画はなんですか?」とかですよね。

植草　そう、そんなことは、どうでもいいんですよ。趣味なんかどうでもいい。

東村　知ってる男女をマッチングさせたときも「とりあえず映画見に行けばいいじゃん」って行かせたんですよ。で、映画のあとに女の子が「どうだった?　面白かった?」って聞いて、男のほうが「うーん、あんまり」って言うと、それで悲しくなって終わっちゃうんですよ。デートが失敗しちゃった!　みたいになって。そっか、逆時系列リサーチねえ!

植草　そのためには「これ聞いた」「これも聞いた」「だから?」「それで?」「なんで?」っ

て何度も訓練するんです。

東村　普通だと「もう！　もっと楽しい会話しなさいよ」で終わるところですよね。先生がされていることって「〝型〟を教え込む」ってことだと思うんです。〝型〟を教え込む、っていう発想に至るところが天才ですよ‼　婚活界の天才です。

植草　生まれて初めて言われた(笑)。ふふ、嬉しい。

東村　私、これまでいろんなジャンルの天才と言われる人たちと会ってきたんですけど本物の人って、この「〝型〟をやらせる」ってことをみなさんおっしゃるんです。普通の人って「内面から」とか「心からあなたが楽しめばいい」って、耳障りはいいけど実体のないこと言うんですよ。でも天才って、決まった〝型〟を入れ込む、みたいな感じなんです。

植草　相手の答えに対して「そうなんですね」ってみんな言うじゃないですか。それいらないですよ。もっと深く聞きなさいよ、ってことです。「なんで？」って魔法の言葉があるので。1回デートに行ったら「なんで？」って20回は聞いて帰っておいで、って言ってますね。

東村　確かに「この子と話してると楽しいな」っていう子って、すぐ「え、なんでですか？」って聞いてくる感じありますね。でも、私の周りの婚活女子たちは「デートしたんだけど、こんな行動取るんだよ！　信じられない！」って言うんです。「ありえなくない？」で終わるんですよね。その「信じられなくない？」っていうこっちの基準って、映画とかドラマとか漫画とかで作られたものでもあるんですけどね。とくに女の場合は。

**植草** アラフォーの女性とお見合いすると、男性たちみんなが言うのは「怖かった」。女の人たちはどんだけ無愛想なんだ、と思いますね。私の中では「42歳病」って呼んでるんです。40、41まではまだギリギリいいんですけど、42になった瞬間から怖くなるんです。

**東村** 「私、ガツガツしてないわよ？」みたいな感じですかね。「おばさんなのに彼氏ほしいのかよ」って思われたくない、ってのがあって、「私、別にあなたにめっちゃ気に入られたいと思ってないけど？」「でも好きになってもいいよ？」みたいな。韓ドラ女優的な。

**植草** みなさんにもっと必要なのは〝可愛げ〟。相手に「この子、自分に興味があるんだ」と思わせて、相手が気持ちよくなる会話ができる子は、やっぱり成婚が早いんですよ。

**東村** 私、この20年、いろんなスタッフとかアシスタントさんと仕事してきて、コミュ力があるかないかって生まれつきだし、おしゃべり下手な人がおしゃべり上手になるなんてことは絶対にない！　って思ってたんです。なので、その問題を解決する先生の〝おしゃべりの型〟って本当にすごい！　と思いました。これ、おべんちゃらじゃなくて、植草先生は最後の希望、って思います、まじで。この少子化・人口減少・日本滅亡に立ち向かう救世主だと思いますね！

植草美幸　Miyuki Uekusa

結婚相談所マリーミー代表。恋愛・婚活アドバイザー。

ラジオやWEBメディアも含めて1年に約2000の恋愛・結婚相談の件数を有し、自身が代表を務める相談所では、年間成婚率80%を達成するなど業界異例の結果を出している。「ザ・ノンフィクション」(フジテレビ)、「シューイチ」(日本テレビ)、「ワールド極限ミステリー」(TBS)など多数のテレビにも出演し、歯に衣着せぬ婚活アドバイスで人気を集める。著書に『ドキュメント「婚活」サバイバル』(青春出版社)、『結婚の技術』(中央公論新社)などがある。

https://marrymeweb.com

装丁・本文デザイン　藤崎キョーコ
DTP　吉名　昌(はんぺんデザイン)
撮影　恩田亮一
構成　井上健二

「婚活《こんかつ》の壁《かべ》」に効《き》く秘密《ひみつ》のアドバイス

# ワガママな女《おんな》におなりなさい

2023年4月19日　第1刷発行

著　者　植草美幸《うえくさみゆき》
発行者　鈴木章一
発行所　株式会社講談社　KODANSHA
〒112-8001 東京都文京区音羽2-12-21
☎ 03-5395-3606(販売)　☎ 03-5395-3615(業務)
編　集　株式会社講談社エディトリアル
代表　堺　公江
〒112-0013 東京都文京区音羽1-17-18 護国寺SIAビル6F
☎ 03-5319-2171
印刷所　株式会社新藤慶昌堂
製本所　株式会社国宝社


ISBN978-4-06-531127-1